Inhalt
Wind & Wetter

W0064481

Wind & Wetter

- ● Entdecken und Experimentieren
- ● Mit vielen Tipps für Junior-Forscher!

Bärbel Oftring

Mit Illustrationen von Angelika Neiser

moses.

AUF ENTDECKERTOUR

Wetterforscher im Einsatz

Morgens, bevor du deinen Schulweg beginnst, werfen du oder deine Eltern meist einen Blick nach draußen: Wie ist wohl das Wetter heute? Reicht eine Weste, muss es die Regenjacke oder doch eher der Wintermantel sein? Das Wetter ist jeden Tag anders, mal scheint die Sonne und die Temperaturen sind warm, mal stürmt, regnet oder schneit es draußen. In den Zeitungen, Nachrichten und im Internet kannst du erfahren, welches Wetter für heute oder die nächsten Tage vorhergesagt wird. Du kannst aber auch durch eigene Beobachtungen selbst herausfinden, ob das Wetter schlechter oder besser wird.

Wenn du wissen willst, wie du aus den Wolken das Wetter der nächsten Stunden lesen kannst und was Morgen- oder Abendrot, Kondensstreifen am Himmel und Lichtringe um die Sonne oder den Mond bedeuten – schlag einfach dieses Buch auf. Viele spannende Entdeckungstouren warten auf dich – jeden Tag, an jedem Ort und zu jeder Zeit! Viel Freude dabei!

SCOUT TIPP!

Wenn im Text ein schwieriges Wort auftaucht, das du nicht kennst, schau im Glossar nach (Seite 94). Dort ist es erklärt.

Unser Wetter

Egal, an welchem Ort der Welt, es gibt an jedem Tag rund um die Uhr Wetter: Mal regnet es, mal scheint die Sonne, mal toben heftige Gewitter. Wetter ändert sich fortlaufend. Daher nennen wir Wetter den Zustand der irdischen Lufthülle an einem bestimmten Ort zu einem bestimmten Zeitpunkt, also zum Beispiel genau jetzt bei dir zuhause. Schau aus dem Fenster oder geh hinaus: Welches Wetter herrscht gerade?

SCHON GEWUSST?

Sonnen- und Regengott

Im alten Ägypten glaubten die Menschen an den Sonnengott Ra, der ihr höchster Gott war. Bei den alten Griechen schleuderte der Gott Zeus seine Blitze auf die Erde, bei den Germanen war der Gewittergott Donar (von dem sich das Wort Donner ableitet) für Blitz und Donner verantwortlich und die mittelamerikanischen Maya beteten ihren Regengott Chaac um segenbringenden Regen an. Regengötter gibt es in vielen Kulturen, einen Schönwettergott hingegen nicht – daran kannst du erkennen, wie wichtig Regen für die Menschen in früheren Zeiten war.

Von den Wettergöttern

In vielen alten Kulturen und Mythen gibt es Wettergottheiten, denn damals hingen die Menschen noch mehr als heute vom Wetter ab. Regnete es nicht, so vertrocknete das Getreide auf den Feldern und die Menschen mussten hungern, regnete es zu viel, so wurde das wertvolle Ackerland überschwemmt. Daher beteten die Menschen zu ihrer Gottheit für gutes Wetter und führen Regentänze auf, wenn lange Zeit kein Regen mehr gefallen ist.

Wo findet überhaupt das Wetter statt?

Unser Heimatplanet, die Erde, ist von einer Lufthülle umgeben, die Atmosphäre heißt. Sie besteht hauptsächlich aus den beiden Gasen Stickstoff und dem lebenswichtigen Sauerstoff, während Kohlendioxid und andere Gase nur in geringen Mengen darin enthalten sind. Zudem enthält die Atmosphäre in den bodennahen unteren Schichten gasförmigen, unsichtbaren Wasserdampf. Dieser Wasserdampf ist wichtig für unser Wetter: Ohne ihn gäbe es keine Wolken und keinen Regen.

SCOUT-TIPP!

Tags warm – nachts kühl

Tagsüber heizt die Sonne die bodennahe Atmosphäre auf. Nachts, wenn die Sonnenheizung abgestellt ist, entweicht die Wärme wieder in das Weltall. Deshalb kühlt es in sternenklaren Nächten stark ab. Ist der Himmel nachts aber bewölkt, so bewirken die Wolken, dass ein Teil der Wärmestrahlen auf die Erde zurückgeworfen wird. Folglich sinken die Temperaturen nicht so stark. Beobachte dies einmal an verschiedenen Abenden und Nächten.

Die Sonne – der Motor fürs Wetter

Genau wie ein Auto so braucht auch das Wetter einen Motor, damit es in Gang kommt. Dieser Motor ist die Sonne. Jeden Tag scheint sie auf die Erde und bringt mit ihren Strahlen ungeheure Mengen an Wärme- und Lichtenergie auf unseren Planeten. Dadurch heizt sich die Erdoberfläche auf, Winde entstehen, Wasser verdunstet und Wolken können sich bilden. Ohne Sonne gäbe es kein Wetter, aber auch keine Pflanzen, Tiere und Menschen auf der Erde!

Der Kreislauf des Wassers

Auch das Wasser ist wichtig für das Wetter. Es befindet sich in einem ständigen Kreislauf, den du bestimmt schon kennengelernt hast. Auf den Oberflächen der Pflanzen, Landflächen, Meere und Seen verdunstet ständig Wasser. Das kannst du gut beobachten, wenn etwa nach einem warmen Sommerregen das Wasser über den Bäumen verdunstet und aufsteigt. Manchmal liegt dann sogar ein feiner Wolkenschleier über dem Wald. Das verdunstete Wasser steigt in die Atmosphäre auf und bildet dort Wolken. Wenn es regnet, hagelt oder schneit, gelangt das Wasser wieder auf die Erde. Ein kleiner Teil verdunstet, während der größte Teil sich in Bächen und Flüssen sammelt und ins Meer fließt.

Die Jahreszeiten

Ein ganzes Jahr braucht die Erde, um einmal um die Sonne zu kreisen. In nur 24 Stunden dreht sich die Erde einmal um sich selbst. Würde die Erdachse senkrecht auf der Bahn stehen, die die Erde um die Sonne einnimmt, wäre bei uns das ganze Jahr über Frühling. Wie am Äquator hätten wir dann auch täglich 12 Stunden Nacht und 12 Stunden Tag. Nun ist aber die Erdachse etwas geneigt – wenn du es genau wissen willst: es sind 23,45 Grad. Deshalb gibt es bei uns vier Jahreszeiten: Im Sommer ist die Erdachse auf der nördlichen Halbkugel zur Sonne hin geneigt, im Winter von ihr weg. Dann herrscht allerdings Sommer

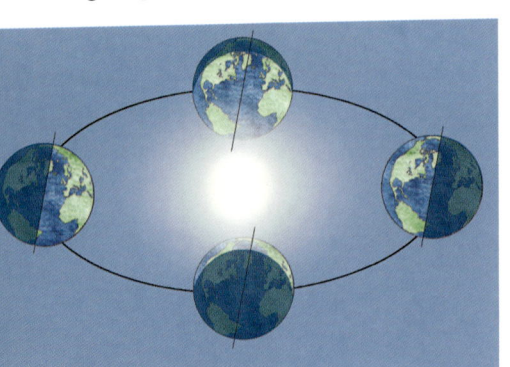

in Australien auf der Südhalbkugel. Die extremsten Bedingungen herrschen an den Polen: Am Nord- und Südpol herrscht ein halbes Jahr Tag und ein halbes Jahr Nacht!

Tiere und Pflanzen im Jahreslauf

Die Tiere und Pflanzen haben sich in ihrem Verhalten an die Jahreszeiten angepasst. Die Blumen, Bäume und Sträucher treiben im Frühjahr frisch aus und öffnen in der warmen Jahreshälfte ihre Blüten, während sie im Herbst ihre Blätter abwerfen. Viele Vögel verlassen uns über den Winter und ziehen nach Süden, während Igel, Siebenschläfer und Fledermäuse sich im Herbst eine dicke Fettschicht anfressen und die kalte Jahreszeit einfach verschlafen.

Frühling

Sommer

Herbst

Winter

Das Wetter im Jahreslauf

Die Wetterforscher gehen bei ihrer Einteilung der Jahreszeiten nicht nach genauen astronomischen Daten der Sommer- oder Wintersonnenwende. Sie teilen einfach jeweils drei Monate einer Jahreszeit zu. Dies sind:

Frühling: März, April und Mai
Sommer: Juni, Juli und August
Herbst: September, Oktober und November
Winter: Dezember, Januar und Februar

SCOUT TIPP!

Jahresringe der Bäume

Wenn du dir die Baumscheibe eines gefällten Baumes anschaust, kannst du dort helle und dunkle Ringe erkennen. Diese Ringe entstehen nur deshalb, weil es bei uns Winter und Sommer gibt. Die dicken, hellen Ringe entstehen in der warmen Jahreszeit, wenn der Baum wächst und dabei dicker wird. Die dunklen Ringe zeigen den herbstlichen Abschluss des Baumwachstums und den Beginn der winterlichen Ruhezeit, wenn der Baum seine Blätter verloren hat.

Die Ausrüstung

Ein Blick zum Himmel verrät dir schon viel über das Wetter, das gerade herrscht, manchmal auch schon, welches in den nächsten Stunden zu erwarten ist. So zeigen dir die Wolken, ob es regnet oder bald regnen wird und an den Ästen und Zweigen erkennst du rasch, ob ein Wind weht und woher er kommt. Willst du mehr wissen und das Wetter richtig über mehrere Tage, Wochen oder Monate beobachten, brauchst du ein paar Dinge.

Gut gerüstet auf Entdeckungstour

An einer Wand, die nicht direkt von der Sonne beschienen wird, kannst du ein Thermometer aufhängen. Mit ihm kannst du die aktuelle Temperatur messen. Wenn du auch die niedrigste Temperatur in der letzten Nacht oder die höchste am heutigen Tag ablesen willst, brauchst du ein Minimum-Maximum-Thermometer. Das sollte eine Skala von -30 °C bis mindestens +40 °C aufweisen.

Moderne Wettermessgeräte enthalten neben einem Thermometer auch ein Barometer für den Luftdruck sowie ein Hygrometer, das die Feuchte der Luft misst. Wie viel es geregnet hat, zeigt dir ein Regenmesser. Das ist ein Becher mit einer Skala, den du nach draußen stellst. Achte darauf, dass der Regenmesser nicht umfallen kann und oben nicht von einem Dach oder Ästen bedeckt ist. Woher der Wind weht, zeigt dir eine Windfahne, und wie stark er weht ein Windgeschwindigkeitsmesser.

> ### SCHON GEWUSST?
>
> **Woher der Wind weht**
>
> Bei deinen Beobachtungen musst du beachten, dass immer angegeben wird, woher der Wind kommt und nicht wohin er weht. Ein Westwind, wie er bei uns meist herrscht, kommt folglich von Westen. Diesen Westwind spürst du, wenn du dich mit dem Gesicht nach Westen drehst.

Alles notieren

Der richtige Wetterforscher notiert alles, was er beobachtet. Dafür ist ein kleines Notizbuch ausreichend, dass du sogar stets in deiner Hosen- oder Jackentasche bei dir tragen kannst. Darin vermerkst du mit genauem Ort, Datum und Uhrzeit deine Beobachtungen. Schreibe auf, ob die Sonne scheint, welche Temperatur herrscht (hast du kein Thermometer, so notiere, ob es kalt oder warm ist), wie die Wolken aussehen und wie viel vom Himmel sie bedecken, ob ein Wind weht, woher er kommt und was durch ihn bewegt wird. Auch andere Beobachtungen solltest du aufnehmen, wie etwa ob es nach Regen riecht, ob sich in den Pfützen gelber Blütenstaub sammelt und ob Honigbienen fliegen (dies tun sie nämlich erst ab etwa 12 °C). Wenn du dann noch Fotos machst und zu deinen Notizen klebst, weißt du von Tag zu Tag mehr über das Wetter.

Das Wetter beobachten

Das Wetter ist nie langweilig. Weil es sich ständig ändert, kannst du zu jeder Zeit am Himmel und in der Natur etwas beobachten. Gehe aber nicht nur an einem trockenen Sonnentag nach draußen, sondern auch, wenn es regnet. Dann ziehst du dir eine regendichte Jacke und Hose an und schlüpfst in Gummistiefel. Wenn es regnet, kannst du vieles entdecken, was dir bei sonnigem Wetter entgeht:

Manchmal bilden die Tropfen, die in die Pfützen fallen, dicke Luftblasen, die noch ein Weile auf der Wasseroberfläche treiben, bevor sie zerplatzen. Oder du kannst die unterschiedlichen Düfte wahrnehmen, die regennasse Straßen, Felder, Wiesen und Wälder verströmen. Beobachte, wie die Blüten bei Regenwetter geschlossen bleiben oder wie sich einzelne Regentropfen auf Pflanzenblättern sammeln. Also, einfach raus in den Regen!

Dein eigener Wetterbericht

Neben dem Beobachten der Wolken und des Windes gibt dir auch die Temperatur darüber Auskunft, wie das Wetter sich entwickeln wird. Sinkt etwa im Winter tagsüber die Temperatur, so stehen Frosttage und möglicherweise Schneefall bevor. Wird es an einem Sommertag tagsüber stets kühler, so ziehen bald Regenwolken ins Land. Steigende Temperaturen an einem Sommertag bedeuten stabiles Sommerwetter, während sie im Winter auch ein Zeichen für mehr Wolken oder gar Regenfälle sein können.

Ein paar Regeln für Wetterforscher

Bevor du zu Erkundungsausflügen aufbrichst, sag deinen Eltern oder Freunden Bescheid, wohin du gehst und was du vorhast. Am besten gehst du zu zweit oder mehreren auf deine Ausflüge. Denk an wettergemäße Kleidung und an etwas zu trinken. Sei rechtzeitig vor der Dunkelheit zurück. Natürlich störst du keine Tiere oder scheuchst sie auf, beschädigst keine Pflanzen und hinterlässt keinen Müll in der Natur.

13

Eine Wetterkarte lesen

Rund um die Uhr beobachten Wettersatelliten, Wetterstationen, Wetterballons, Wetterbojen und fleißige Helfer das Wetter auf der ganzen Erde. Diese enorme Fülle an Daten über Temperaturen, Luftdruck, Wolkenfelder und vieles mehr werden von den Meteorologen – so heißen die Wetterforscher – ausgewertet. Dabei helfen natürlich Computer. Auf diese Weise erkennen die Forscher, ob sich ein Sturmgebiet auf uns zu- bewegt oder ob wir in den nächsten Tagen ausgiebige Regenfälle oder Sonnenschein zu erwarten haben. Diese Ergebnisse werden in Landkarten eingetragen: Jeden Tag wird eine aktuelle Wetterkarte erstellt, die im Fernsehen, in Tageszeitungen und im Internet veröffentlicht wird. Die Farben auf der Landkarte zeigen dir, welche Temperaturen herrschen oder zu erwarten sind.

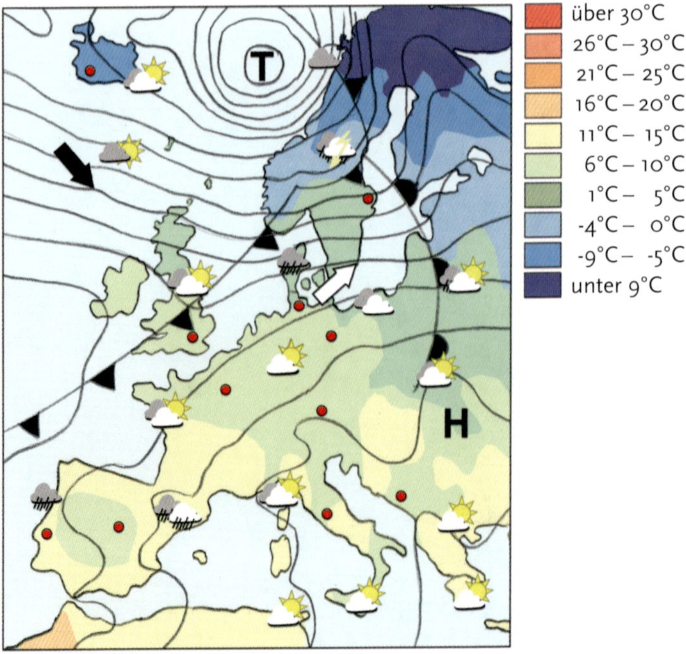

	über 30°C
	26°C – 30°C
	21°C – 25°C
	16°C – 20°C
	11°C – 15°C
	6°C – 10°C
	1°C – 5°C
	-4°C – 0°C
	-9°C – -5°C
	unter 9°C

Symbole in der Wetterkarte lesen

Wenn du eine Wetterkarte betrachtest, fallen dir sofort verschiedene Symbole auf. An diesen Symbolen erkennst du, ob die Sonne scheinen oder Regen fallen wird oder ob ein Tiefdruckgebiet tagelang andauernde Regenfälle bringt. Besonders auffallende Zeichen warnen vor Stürmen und Unwettern. Diese Wettersymbole solltest du kennen:

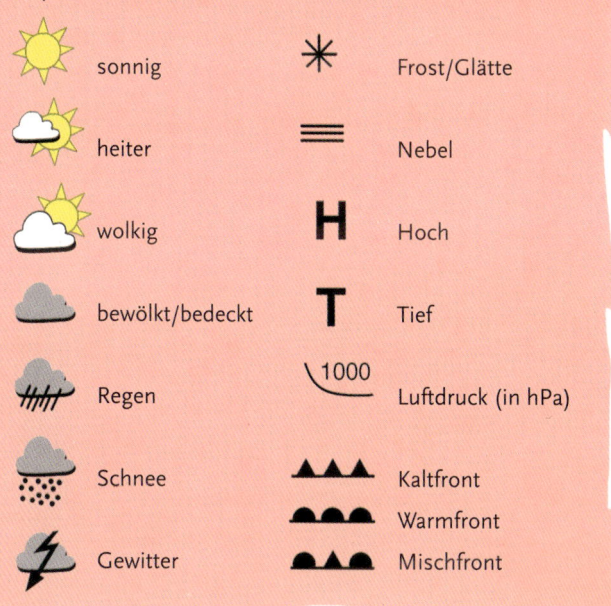

☀	sonnig	✳	Frost/Glätte
🌤	heiter	≡	Nebel
🌥	wolkig	**H**	Hoch
☁	bewölkt/bedeckt	**T**	Tief
🌧	Regen	1000	Luftdruck (in hPa)
🌨	Schnee	▲▲▲	Kaltfront
⛈	Gewitter	⬤⬤⬤	Warmfront
		⬤▲⬤	Mischfront

So wird das Wetter

Wenn du wissen willst, wie das Wetter heute oder in den nächsten Tagen werden soll, etwa weil du einen Ausflug mit deinen Eltern planst, gib einfach das Wort **Wetter** in eine Internet-Suchmaschine ein. Dann werden dir Seiten angezeigt, auf denen du aktuelle Wetterkarten für heute und die nächsten Tage findest.

Wetterzeichen in der Natur

Pflanzen und Tiere haben ein gutes Gespür dafür, wie das Wetter in ein paar Stunden sein wird. Mit ihren feinen Sinnesorganen nehmen sie nämlich kleinste Druckunterschiede der Luft, Veränderungen in der Luftfeuchte oder in der Farbigkeit des Himmels wahr, die uns entgehen. Für die Tiere und Pflanzen ist dies lebenswichtig, denn ein einziger Regenguss könnte etwa den reifen Blütenstaub aus einer Blüte fortspülen oder einem Schmetterling die Flügel durchnässen. Wenn du aufmerksam Pflanzen und Tiere beobachtest, erfährst du viel über das Wetter. Notiere deine Beobachtungen in deinem Notizbuch – so wird aus dir bald ein richtiger Wetterexperte.

Eine Kreuzspinne als „Wetterfrosch"

Spinnen gehören zu den besonders wetterfühligen Tieren. So kannst du aus dem Verhalten einer Kreuzspinne leicht das Wetter vorhersagen. Suche dazu das typische Radnetz einer Kreuzspinne auf und ernenne sie zu deinem Wetterfrosch. Da Kreuzspinnen jahrelang stets an derselben Stelle ihr Netz bauen, wird sie dir diesen Dienst lange Zeit erweisen. An Tagen, an denen die Kreuzspinne kein Netz baut und ihr altes Netz ver-lassen daliegt, stehen stürmische Winde und Regen bevor. Dann ruht die Spinne in einem Versteck. Webt die Spinne hingegen täglich ein neues Netz aus langen Fäden, so kannst du mit trockenem Wetter rechnen. Besteht das neue Netz allerdings aus kurzen Fäden, so wird es windiger und feuchter.

SCHON GEWUSST?

Tiere und Pflanzen als Wetterboten

Unter den Tieren und Pflanzen gibt es einige hervorragende Wetterpropheten. So schließen sich die Blüten von Gänseblümchen, Tulpen, Krokussen, Ringelblumen und Mittagsblumen an feuchten, trüben und regnerischen Tagen. Fliegen Bienen und Hummeln umher, so bleibt das Wetter bei Temperaturen von über 12 °C trocken. Ameisen ziehen sich vor Regenfällen in ihren Bau und Frösche ins Wasser zurück. Quaken jedoch abends die Frösche im Teich, so bleibt das Wetter stabil. Altbekannt ist, dass Schwalben bei bevorstehenden Regenfällen tief fliegen, da sich dort dann ihre Mückenbeute aufhält, während sie in Schönwetterperioden hoch oben am Himmel jagen. Auch Zapfen, die am Boden liegen, sind Wetterboten: Stehen die Schuppen weit ab, bleibt es trocken. Liegen diese hingegen dicht an, so steht nasses Wetter bevor.

Die Wolken

Auch wenn du das vom Erdboden aus nicht sehen kannst, ist die Lufthülle der Erde wie ein Hochhaus in mehrere Stockwerke gegliedert. Das unterste Stockwerk ist die Wetterschicht, in der sich unser Wetter abspielt. Nur dort gibt es Wolken. Sie bilden verschiedene Schichten, die du auf der nächsten Seite kennenlernst.

So bilden sich Wolken

Wolken sind sichtbare Ansammlungen von winzigen Wassertröpfchen und Eiskristallen, die in der Luft schweben und beständig ihre Form ändern. Damit sie überhaupt aus dem gasförmigen Wasserdampf, den die Luft enthält, entstehen können, muss die Luft auch winzig kleine Schmutzteilchen enthalten. Diese ziehen die Feuchtigkeit der Luft an und an ihnen schlägt sich der Wasserdampf nieder. Diese Schmutzteilchen sind z.B. Staubkörner, Pilzsporen, Asche aus Vulkanausbrüchen oder Blütenstaub.

Das Ende der Wetterschicht entdecken

Nur wenn sich eine gewaltige Gewitterwolke aufbaut, kannst du das obere Ende der Wetterschicht sehen: Sie endet an der flachen Oberkante der Gewitterwolke, denn die Gewitterwolke füllt die Wetterschicht bis zur „Decke", so wie ein gewaltiger Luftballon auch ein Zimmer bis zur Decke füllen und sich platt an die Zimmerdecke drücken würde.

Die Schichten der Wolken

Keine Wolke ist wie die andere: Wolken können aus Wassertröpfchen oder Eiskristallen bestehen oder aus beidem und sie halten sich in verschiedenen Höhen in der Wetterschicht auf. Wetterforscher unterscheiden niedrige, mittelhohe und hohe Wolken.

Niedrige Wolken befinden sich bei uns in bis zu 2 km Höhe über dem Erdboden. Zu diesen Wolken gehören der Hochnebel sowie die Quell- oder Haufenwolken, die dicken Walzenwolken und die niedrigen Schichtwolken. Schaust du zum Horizont erkennst du, wie tief die Wolken stehen. Kannst du einzelne Wolken mit Hügeln und Kuppeln erkennen, so bleibt es meist trocken. Bilden diese Wolken aber eine durchgehende Schicht, so können daraus feiner Sprühregen oder sogar Schneeflocken fallen. Auch die mächtigen Gewitterwolken beginnen in dieser Schicht.

Mittelhohe Wolken befinden sich bei uns in 2–7 km Höhe über dem Erdboden. Dort bilden sich die hübschen Schäfchenwolken, die schönes Wetter anzeigen, aber auch die oft dunklen, Regen und Schnee bringenden Schicht- und Schlechtwetterwolken. Ab etwa 3 km Höhe ist es so kalt, dass die Wassertröpfchen zu Eiskristallen gefrieren. Daher bestehen mittelhohe Wolken meist sowohl aus Wassertröpfchen als auch aus Eisteilchen.

Hohe Wolken schließlich reichen von 7 km Höhe bis zum Ende der Wetterschicht, das ist bei uns etwa in 12 km Höhe. In solch großen Höhen bestehen die Wolken nur noch aus Eiskristallen. Während die Federwölkchen wie hauchzarte Fäden oder Bänder hoch oben am Himmel stehen, bilden die Schleier- oder Eiswolken einen durchscheinenden Wolkenschleier. Bällchenwolken erkennst du an den dünnen weißen Flocken, Bällchen oder Feldern in großen Höhen. Aus diesen Wolken fällt kein Niederschlag, aber sie künden oft an, dass sich das Wetter bald ändern wird.

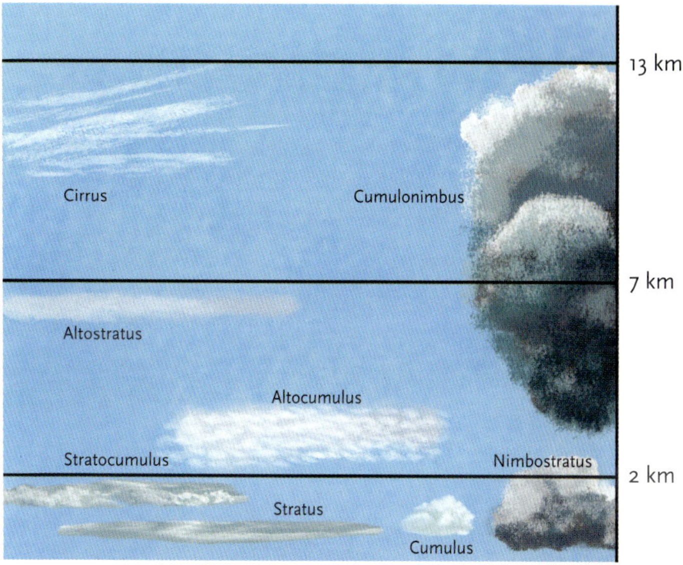

Cirrus

Cumulonimbus

13 km

7 km

Altostratus

Altocumulus

Stratocumulus

Nimbostratus

2 km

Stratus

Cumulus

Über den Wolken

Besonders gut kannst du die einzelnen Wolkenschichten wahrnehmen, wenn du mit einem Flugzeug fliegst, manchmal auch,
wenn du auf einem hohen Berg stehst. Nach dem Start durch-
fliegt das Flugzeug zunächst die niedrigen Wolkenschichten, die
bald unter dir liegen. Fliegst du durch eine Wolke, so ist das so,
als ob du durch dichten Nebel fährst. Kommst du höher, entdeckst du manchmal, dass sich über diesen niedrigen Wolken
noch weitere Wolkenschichten befinden. Hat das Flugzeug seine
endgültige Flughöhe von 8–12 km erreicht, schaust du von oben
auf die Wolken. Immer wieder scheint die Erdoberfläche hindurch – ein bezaubernder Anblick.

Was einzelne Wolken bedeuten

An manchen Tagen stehen die Wolken unbeweglich am Himmel, an anderen ziehen sie in hohem Tempo vorbei. An dieser Bewegung der Wolken kannst du erkennen, ob dort oben ein Wind weht, aus welcher Richtung er kommt und wie schnell er weht. Da bei uns meist Westwinde vorherrschen, ziehen die Wolken meist von West nach Ost. Doch die Wolken verraten noch mehr:

Die typischen **Schönwetterwolken (Cumulus)** bestehen nur aus Wassertröpfchen. Unten sind sie meist flach, nach oben bilden sie oft Türme, Hügel oder Kuppeln oder sehen manchmal wie ein Blumenkohl aus. Siehst du diese Wolken, bleibt das Wetter meist schön und trocken. Oft lösen sie sich bis zum Abend auf.

Die Namen der Wolken

Für diejenigen, die es genau wissen wollen, sind hier die Namen der einzelnen Wolken aufgeführt.

Stratus – niedrige Schichtwolke
Cumulus – Haufen- oder Quellwolke
Stratocumulus – dicke Walzenwolke oder Haufen-Schichtwolke
Cumulonimbus – Gewitterwolke
Altocumulus – Schäfchenwolke
Altostratus – mittelhohe Schichtwolke
Nimbostratus – Schlechtwetter- oder Regenwolke
Cirrus – Fäden- oder Federwölkchen
Cirrocumulus – Bällchen- oder Schäfchenwolke
Cirrostratus – Eis- oder Schleierwolke

Erscheinen am blauen Himmel nach und nach die ersten **Federwölk-chen (Cirren)** hoch oben am Himmel, so sind sie oft die Vorboten von schlechtem Wetter. Du solltest in den nächsten Stunden und Tagen die Wolken gut beobachten. Meist bleibt es an diesem Tag noch schön, werden die Wolken aber dichter, so können Regen, Schnee oder Gewitter folgen. Die hohen Federwölkchen bestehen übrigens nur aus Eiskristallen.

Mittelhohe **Schichtwolken (Altostratus)** können den ganzen Himmel bedecken und färben ihn einheitlich grau oder bläulich, manchmal aber sind diese Wolken nur so dünn, dass die Sonne wie durch eine Milchglasscheibe hindurch scheint. Diese aus Wassertröpfchen und Eiskristallen bestehenden Wolken können sowohl Regen als auch Schnee bringen, der dann oft lang andauert.

Auch die typische **Regen- oder Schlechtwetterwolke (Nimbostratus)** besteht aus Eiskristallen und Wassertröpfchen. Bei einem ausgedehnten Regengebiet kann diese Wolke viele Kilometer dick sein und schon 200 m über dem Erdboden beginnen. Da die Wolken meist keine bestimmten Formen aufweisen, kannst du schlecht erkennen, aus welcher Richtung sie Regen oder Schnee bringen.

SCHON GEWUSST?

Warum sind Wolken manchmal weiß, manchmal sogar schwarz?

Von oben aus dem Flugzeug betrachtet sind Wolken immer weiß, denn sie werfen das komplette Sonnenlicht zurück, das auf sie scheint. Darum wirst du bei ihrem Anblick leicht geblendet. Von der Erde aus gesehen, sind hingegen nur Schönwetterwolken oder hohe Eiswolken weiß. Sie bestehen aus solch winzigen Wassertröpfchen oder Eiskristallen, dass das Sonnenlicht gleichmäßig gestreut wird. Eine Regen- oder Gewitterwolke hingegen erscheint grau bis schwarz, weil die Wassertröpfchen und Eiskristalle darin bis zu 6 mm groß sind. Durch sie dringt kaum noch Sonnenlicht hindurch.

25

Dunst und Nebel

Dunst und Nebel sind im Grunde genommen Wolken, die den Erdboden berühren. Auch sie bestehen wie Wolken aus Wassertröpfchen, die kleiner als bei ganz feinem Nieselregen sind. Deshalb können sie schweben und fallen nicht auf den Erdboden. In Städten können sich unter diese Wassertröpfchen auch feste Ruß- und Rauchteilchen von Autoabgasen oder Heizungsanlagen mischen. Manchmal besteht Dunst sogar nur aus solchen festen Schmutzteilchen. Dann ist er nicht milchig weiß, sondern bräunlich, gräulich oder gelblich.

Wann ist es dunstig, wann nebelig?

Der einzige Unterschied zwischen Dunst und Nebel liegt darin, wie weit du sehen kannst. Sind weiter entfernte Hügel, Berghänge, Wälder oder Gebäude nicht klar zu erkennen, sondern leicht milchig trüb, so ist es dunstig. Bei Nebel kannst du höchstens 1 km weit sehen, bei dichtem Nebel manchmal sogar gerade noch deine Hand vor den Augen.

Wetterbote Dunst

Liegt ein milchiger Schleier über der Landschaft, sodass du in der Ferne keine klaren Strukturen mehr erkennen kannst, ist das ein gutes Zeichen: Das Wetter bleibt schön. Löst sich dieser ferne Milchschleierdunst aber im Tagesverlauf auf und du kannst so weit schauen, dass ferne Hügelketten, Berge oder Dörfer ganz nah erscheinen, wird das Wetter vermutlich bald schlechter. An einem solchen Tag kannst du dann sogar 50 km weit sehen.

SCOUT TIPP!

Hoch in die Berge

An Tagen, an denen eine zähe Hochnebel-
schicht über dem Land liegt und keine Sonne
zu sehen ist, lohnt es sich, auf einen Berggipfel
zu steigen. Dort oben schaust du bei schönstem
Sonnenschein auf den Hochnebel hinunter.

So entsteht Nebel

In der Luft ist immer mehr oder weniger gasförmiger Wasserdampf
enthalten. Um die Entstehung von Nebel zu verstehen, musst du
wissen, dass warme Luft mehr gasförmigen Wasserdampf aufnehmen
kann als kalte. Kühlt die Luft ab, so bildet der Wasserdampf winzige
Tröpfchen in der Luft, den Nebel, oder schlägt sich an kalten Flächen
nieder. Dieses Phänomen kennst du aus dem Badezimmer, wenn
nach einem heißen Bad die kalte Oberfläche des Spiegels beschlägt
und das ganze Badezimmer voller Nebel ist. Damit draußen überhaupt Nebel entstehen kann, darf kein Wind wehen – so wie in
deinem Badezimmer.

Dein Nebelmesser

Wenn du bei Nebel die Sichtweite wissen willst, kannst du dir einen Nebelmesser zulegen. Dazu schaust du dich an einem sonnigen Tag in der Umgebung um dein Zuhause nach markanten, nahen und fernen Punkten um, die du von deinem Fenster, Balkon oder Garten aus leicht siehst. Das können ein großer Baum, ein auffallendes Gebäude oder ein hoher Schornstein sein. Nun miss auf einem Stadtplan, wie weit diese markanten Punkte von deinem Zuhause entfernt sind (Luftlinie). Gut wäre es, wenn du dabei Objekte auswählst, die sich in Entfernungen zwischen 5 m und über 1 km befinden. Schaust du nun bei nebeligem Wetter auf diese ausgewählten Objekte, so weißt du die Sichtweite.

Nebel an Gewässern

An der Nord- und Ostsee oder an kleineren Seen und Flüssen entsteht immer dann Nebel, wenn milde, feucht-warme Luft auf kältere Luft auftritt. Das ist an den Küsten meist im Frühjahr oder Herbst der Fall, wenn mal milde Landluft auf kalte Meeresluft trifft oder umgekehrt.

Im Herbst kannst du dann an Seen und Teichen manchmal etwas ganz anderes beobachten: Während die Ufer neblig sind, liegt die Wasserfläche in klarer Luft. Der Grund: Das Wasser ist dann noch warm, sodass auch die Luft darüber erwärmt wird. Die warme Luft kann mehr gasförmigen Wasserdampf aufnehmen als die kalte Luft am Seeufer – folglich bilden sich dort noch keine winzigen Wassertröpfchen.

SCHON GEWUSST?

Herbstnebel

Besonders in der Zeit von September bis Februar kühlt nachts die Luft bei klarem, windstillem Wetter stark ab. Daher wird es abends neblig, weil die kalte Luft weniger Wasserdampf aufnimmt als warme. Der Nebel hält die ganze Nacht und löst sich im Laufe des Vormittags wieder auf, wenn die Sonne die Luft anwärmt. Manchmal steigt er auch nach oben in 100–300 m Höhe, wo es auch tagsüber kühler bleibt. Dort, wo sich kein Hochnebel bildet, ist der Tag nach einem nebeligen Morgen meist schön. Denn dann herrscht meist eine stabile, über Tage dauernde Hochdrucklage.

Achtung Nebel!

Nebel ist gefährlich, besonders im Straßenverkehr. Dann siehst du als Fußgänger oder Radfahrer die hellen Lichter der Autos viel schneller als die Autofahrer dich. Deshalb ist es bei nebeligem Wetter besonders wichtig, dass du helle Kleidung trägst und an deinem Fahrrad ein helles Vorder- und Rücklicht brennt. Da es im Winter meist schon abends neblig ist und auch noch morgens, wenn du in die Schule gehst, trage helle Winterjacken und Schultaschen, die mit Leuchtstreifen oder Katzenaugen versehen sind. So kommst du sicher überall hin!

Wie löst sich Nebel auf?

Nebel löst sich dann auf, wenn die Luft wärmer wird und die winzig kleinen Wassertröpfchen verdunsten, wenn heftige Winde die Nebelschwaden davontreiben oder wenn aus den winzigen Wassertröpfchen dicke Tropfen werden, die auf die Erde fallen.

Regenwetter

Sicher kennst du viele verschiedene Arten von Regen: feiner Nieselregen und kräftiger Landregen, kurze Regenschauer, tagelang andauernder Dauerregen oder winterlicher Schnee- und Eisregen. Bei einem Gewitter können auch heftige Wolkenbrüche auftreten, bei denen in kurzer Zeit ungeheure Mengen Regen fallen und rasch alles unter Wasser setzen.

Doch wie entsteht Regen? In den dunklen Regenwolken bilden sich aus vielen schwebenden Wassertröpfchen, aus denen Nebel besteht, die großen Regentropfen. Wenn sie mindestens 0,5 mm groß sind, werden sie zu schwer, um weiterhin in der Luft zu schweben. Dann fallen sie als feiner Sprühregen auf den Boden. Die Regentropfen bei starkem Regen sind viel größer: Sie haben einen Durchmesser von 2 mm, bei einem Wolkenbruch sogar bis zu 6 mm.

SCHON GEWUSST?

So wird gemessen, wie viel Regen fällt

Die Menge an Regen, die an einem Tag, in einem Monat oder Jahr fällt, wird in Millimetern gemessen. Diese Millimeterangabe sagt aus, wie hoch das Regenwasser am Boden stehen würde, wenn es nicht versickern, ablaufen oder verdunsten könnte. Wenn 1 mm Regen gemessen wird, so ist 1 Liter Regenwasser auf eine Fläche von 1 x 1 m gefallen.

Niederschlagsmengen im Vergleich

Während in manchen Wüsten nur 0,1 mm Regen im Jahr fällt, regnet es durchschnittlich jedes Jahr auf Hawaii über 11.000 mm. In Deutschland fällt durchschnittlich 700–800 mm Niederschlag im Jahr, in den Alpen etwas mehr, in Griechenland und Spanien hingegen weniger. Gebiete, in denen weniger als 500 mm Regen im Jahr fällt, gelten als trocken, während es in Regenwäldern jährlich über 2.000 mm regnet.

SCOUT TIPP!

Wie viel regnet es bei dir?

Stelle dazu einen Regenmesser auf eine ebene Rasen- oder Kies-fläche. Achte darauf, dass dein Regenmesser nicht überdacht ist und dass sich rundherum im Abstand von mindestens 1–2 m keine Hindernisse wie Hauswände, Sträucher oder Bäume be-finden. Nun liest du einmal am Tag ab, wie viel mm Regen ge-fallen sind. Notiere dies in deinem Notizbuch. Dann leerst du das Wasser aus und stellst den Regenmesser wieder zurück. Ist Schnee in den Regenmesser gefallen oder das Wasser zu Eis ge-froren, so lass es erst schmelzen. Dann kannst du den Wert ab-lesen. Addierst du die täglichen Regenmengen, so weißt du die monatlichen und jährlichen Niederschläge an deinem Wohnort.

Mit dem Regenmesser kannst du auch deinen Eltern im Garten behilflich sein. An einem heißen Sommertag sollte der Rasen morgens etwa 10 mm Wasser pro Quadratmeter erhalten. Stelle nun einfach deinen Regenmesser unter den Rasensprenger – und wenn darin das aufgefangene Wasser eine Höhe von 10 mm erreicht hat, kann der Rasensprenger abgestellt werden.

Natürlicher Regenschirm

Im Sommer bildet das Blätterdach im Wald einen dichten Schirm, sodass bei kurzem oder feinem Regen kein Tropfen auf den Waldboden fällt. Erst, wenn es lange oder richtig kräftig regnet, wirst du auch dort nass. Wenn du die unterschiedlichen Mengen an Regen messen willst, die im Wald und auf einer Wiese fallen, so stelle vor dem Regen mehrere gleich große Behälter (Konservendosen, Plastikbecher) an verschiedenen Flächen auf. Nach dem Regen misst du den gefallenen Niederschlag mit einem Messbecher.

Im Wald orientieren

Bei uns weht meist der Wind aus westlichen Richtungen. Daher wird der Regen auch meist aus dieser Richtung an die Baumstämme geweht. Dort, wo es besonders feucht ist, wachsen dann gerne Moose und Flechten. Daher kannst du an den vermoosten Seiten der Baumstämme erkennen, wo Westen ist.

SCHON GEWUSST?

Warum bilden Regentropfen manchmal Blasen, wenn sie in eine Pfütze fallen?

Blasen können sich nur bei sehr starkem Regen mit großen Regentropfen bilden. Dann fallen die Tropfen, die heftig in der Luft umhergewirbelt werden, mit großer Energie auf die Pfützen. Wenn dann noch das Wasser in den Pfützen leicht verunreinigt ist, schwimmen die Blasen sogar eine Weile auf der Oberfläche.

Schnee und Eis

Dunkelgraue Regenwolken bedecken den Himmel und weil die Temperaturen unter dem Gefrierpunkte liegen, fallen bald dicke Schneeflocken vom Himmel. Schneeflocken sind gefrorenes Wasser, die nur bei Minusgraden entstehen können.

Schneeflocken beobachten

Versuche einmal, Schneeflocken zu fotografieren, wie sie vom Himmel fallen. Wählst du eine ganz kurze Belichtungszeit, so siehst du einzelne fallende Flocken scharf. Bei längeren Belichtungszeiten sind die Flocken in Bewegung und dadurch unscharf. Sammele dann einige Flocken auf einer schwarzen Unterlage (etwa ein dunkler Ärmel oder Ast) und betrachte sie mit der Lupe: Schneeflocken haben wunderschöne Kristallformen, die meist wie ein Sechseck geformt sind. Keine sieht wie die andere aus! Auch von den Schneeflocken kannst du Fotos machen.

Sonnenschutz für deine Augen

Scheint bei schneebedeckter Landschaft die Sonne, trag am besten eine Sonnenbrille. So schützt du deine Augen vor dem grell-weißen Licht.

Typisch Schneeflocke

Ist die Luft in der Wolke sehr kalt, so bilden sich einzelne Eiskristalle, manchmal sogar nur Nadeln oder Säulen. Dieser Schnee liegt dann wie feiner Puder auf dem Boden. Skifahrer lieben diesen trockenen Pulverschnee. Ist die Luft in der Wolke aber relativ warm, so fallen dicke, watteähnliche Schneeflocken. Sie setzen sich aus vielen einzelnen Schneeflocken zusammen, die sich mit ihren Seitenästen ineinander verhaken. Aus diesem Pappschnee kannst du herrliche Schneebälle formen oder Schneemänner bauen. Bei noch wärmerer Luft bilden sich kleine, runde Eisklumpchen, die noch in der Wolke im Wechsel gefrieren und auftauen – das ist der Graupel.

Warum knirscht manchmal der Schnee beim Laufen?

Wenn es sehr kalt ist, sind die Eiskristalle, aus denen die Schneeflocken bestehen, sehr hart. Läufst du dann über diese harten Eiskristalle, brechen die feinen Seitenäste knirschend ab. Bei wärmeren Temperaturen sind auch die Eiskristalle weicher. Sie brechen dann nicht ab, sondern verformen sich bei jedem Schritt ein wenig.

Hagel – Eisbomben vom Himmel

Besonders in Sommergewittern kommt es immer wieder zu Hagel. Hagelkörner sind vereiste Tropfen, die wie Zwiebeln aus vielen Eisschichten bestehen. Meist sind sie erbsen- bis haselnussgroß, manchmal können diese himmlischen Eisbomben aber auch so groß wie Tauben- oder Hühnereier oder gar wie Tennisbälle werden. Dann vernichten sie in Minutenschnelle ganze Ernten, entlauben Bäume und Büsche, zerschlagen Dachfenster, zermalmen Dachziegel und demolieren Autos. Sogar kleine Tiere können von Hagelkörnern getötet werden.

SCHON GEWUSST?

Das schwerste Hagelkorn ...

... wog 1,9 kg und wurde in Kasachstan gefunden.

Bildquelle: helgi@photocase

SCOUT TIPP!

Hagel vorhersagen

Wenn du in einer schwarzen Gewitterwolke ein un-
wirklich erscheinendes gelblich-grünes Leuchten
siehst, kannst du mit Hagel rechnen. Meist dauert
ein Hagelschauer weniger als 15 Minuten.

SCHON GEWUSST?

Das stürmische Leben eines Hagelkorns

Bevor die Hagelkörner auf den Erdboden fallen, haben sie schon
ein bewegtes Leben hinter sich. In einer Gewitterwolke geht es
nämlich bei Windgeschwindigkeiten von über 100 Stundenkilometern ganz schön stürmisch zu. Wie im Fahrstuhl schießen die
zunächst kleinen Eiskristalle in der Wolke nach oben, werden an
den Seiten der Wolke herausgespuckt, stürzen dann steil hinab,
um am unteren Ende der Gewitterwolke wie von einem Staub-
sauger angesaugt und wieder nach oben katapultiert zu werden.
So geht es mehrmals hoch und runter, bis die Hagelkörner zu
schwer geworden sind oder der gewaltige Sog in der Gewitterwolke nach oben nachlässt. Dann hagelt es.

Tau, Reif, Raureif und Glatteis

Manchmal sind Bäume, Rasenflächen und Autoscheiben morgens von feinen Wassertröpfchen oder im Winter mit Eiskristallen bedeckt. Tau und Reif entstehen nach wolkenlosen, kalten Nächten, wenn die Luft feucht ist und kein Wind weht.

Der Morgentau

Wenn nachts der Himmel sternenklar ist, kühlen der Erdboden und die bodennahen Luftschichten besonders stark aus. Ist es dann noch windstill und die Luft enthält viel Feuchtigkeit, hat die Luft ein Problem: Wohin mit dem vielen Wasserdampf? Ganz einfach, er schlägt sich an den kühlen Oberflächen von Blättern, Gräsern und Autoscheiben nieder. Für dich ist das ein gutes Zeichen: Das Wetter an einem solchen Tag wird meistens richtig schön!

SCHON GEWUSST?

Lebensspendender Tau

In manchen Wüstengebieten der Erde, in denen es monate- oder jahrelang nicht regnet, ist der morgendliche Tau die einzige Wasserquelle für Tiere und Pflanzen. Dort kann der Tau auf einer Fläche von 1 x 1 m bis zu 200 Liter Wasser im Jahr liefern. Tau entsteht nämlich auf der ganzen Erde durch die unterschiedlichen Temperaturen von Tag und Nacht.

Morgendliche Erkundungen

Liegt draußen Morgentau, solltest du unbedingt auf Entdeckungs-tour gehen – und zwar, bevor der Tau durch die wärmende Sonne wieder verschwunden ist. Die Tautröpfchen liegen nämlich auch auf den feinen Fäden der Spinnennetze. Wie durch Zauberhand wird so sichtbar, wie viele Spinnen auf der Wiese, am Wegrand und in den Hecken und Sträuchern ihre Netze gebaut habe. Für die Spinnen hingegen sind die Tautröpfchen lästig, denn unter ihrem Gewicht kann das Netz reißen.

Frostig weißer Reif

Liegen an frostigen Tagen die nächtlichen und morgendlichen Temperaturen unter dem Gefrierpunkt, so frieren die Tautröpfchen fest und es entsteht der weiße Reif. Bevor die wärmende Sonne den Reif tauen lässt, haften Eisschuppen, -kristalle und -nadeln am Erdboden, an den Pflanzen und – zum Leidwesen der Autofahrer – an den Autoscheiben. Dann ist lästiges Kratzen angesagt.

Zugefrorene Autoscheiben

Deinen Eltern kannst du einen Tipp geben: Wenn sie das Auto dicht an einer Hauswand, unter einem Baum oder nah an einer Hecke parken, so sinken dort die Temperaturen nicht so stark. Dann beschlägt kein oder zumindest weniger Reif die Autoscheiben.

Achtung Glatteis!

An Tagen mit Reif musst du damit rechnen, dass Straßen und Wege auf Brücken vereist sind. Dort ist es nämlich kälter als in der umgebenden Landschaft. Auch wenn nach frostigen Tagen Regen fällt, weil die Luft wärmer geworden ist, kann es glatt sein. Dann gefriert der Regen nämlich auf dem noch eisig-kalten Boden.

Zauberlandschaft durch Raureif

Manchmal gibt es dieses Winterwetter: In den Tälern steht zäher, dichter Nebel und kein Sonnenschein kommt hindurch. Fährst du aber in höhere Lagen, etwa auf einen Berggipfel, so scheint dort bei blauem Himmel und warmen Temperaturen die Sonne und der Nebel liegt wie eine dicke Wolke unter dir. Herrschen dann unten im Tal frostige Temperaturen, so verwandelt der Nebel die Bäume, Sträucher, Wiesen und Wälder in eine weiße Märchenlandschaft: Äste, Zweige und Gräser sind dann von weißen Eiskristallen wie mit Zuckerwatte eingehüllt. Je länger diese Wetterlage andauert, umso dicker wird die Eisschicht. Dieser Raureif sieht so aus, als hätte es frisch geschneit.

SCHON GEWUSST?

Schwere Last

Auch wenn dick mit Raureif bedeckte Bäume und Sträucher wunderschön anzuschauen sind, so ist dieses Eis eine schwere Last für die Pflanzen. Unter dem schweren Eispanzer können Äste und Zweige abbrechen. Auf den Hochspannungsleitungen wurden an solchen Tagen schon eine Eislast von bis zu 30 kg auf 1 m Stromkabel gemessen.

Gewitter, Blitz und Donner

Gewitter gehören zu den heftigsten Wetterereignissen, die wir auf der Erde kennen. Blitzeinschläge bringen den sicheren Tod, aber auch Hagel, Starkregen und Sturmböen können gefährlich werden. Wenn ein Gewitter aufzieht, solltest du das stets ernst nehmen und dich in einen sicheren Schutz begeben.

Gewitterzeiten

Am häufigsten gewittert es bei uns von Mai bis September, also genau in der Zeit, wenn die Freibäder geöffnet sind. Der gewitterreichste Monat ist der Juli, die gewitterreichste Tageszeit der Nachmittag nach 15 Uhr. Damit ein Gewitter entstehen kann, müssen sich die bodennahen Luftschichten stark aufheizen. Das ist an heißen Sommertagen der Fall; dann gibt es ein Wärmegewitter. Gewitter bilden sich auch, wenn kalte und warme Luftfronten aufeinandertreffen.

Ein Gewitter zieht auf

Vor einem Gewitter ist die Luft meistens sehr warm und sehr feucht. Viele Menschen erleben sie als schwül und drückend. Am Himmel beobachtest du, wie die Schäfchenwolken immer größer werden und in die Höhe wachsen. In ein bis zwei Stunden baut sich ein gewaltiger, kilometerhoher Wolkenturm auf, der schließlich bis an die „Decke" der Wetterschicht reicht. In der Gewitterwolke geht es heftig zu: Warme Luft steigt nach oben und kalte Winde fallen herunter. Dabei entstehen Winde mit mehr als 100 Stundenkilometern und wie im Fahrstuhl werden die Wassertröpfchen und Eiskristalle rauf und runter katapultiert.

1

Bei bestimmten Wetter-
lagen wird eine harmlose
Schäfchenwolke ...

2

... immer größer, ...

3

... sie türmt sich
hoch empor ...

4

... und baut sich schließlich
zur mächtigen Gewitter-
wolke auf!

43

Wie schwer sind Wolken?

Wenn du meinst, Wolken seien leicht, weil sie am Himmel schweben, so irrst du dich. Schon eine kleine Gewitterwolke, die gerade erst beginnt sich aufzubauen, wiegt rund 1.200 Tonnen. Damit ist sie deutlich schwerer als zwei Flugzeuge vom Typ Airbus A380, dem größten Passagierflugzeug der Welt. Eine richtig große Gewitterwolke, die bis in 12 km Höhe reicht, bringt locker ein Gewicht von über 100.000 Tonnen auf die Waage!

Blitz und Donner

In der Gewitterwolke reiben sich die Wasser- und Eiströpfchen bei ihrem rasanten Hinauf- und Hinabflug aneinander und laden sich dabei mit Energie auf. Bald nimmt die positive elektrische Ladung (+) im oberen Teil zu, im unteren Teil hingegen die negative (−) Ladung und die ganze Gewitterwolke steht unter einer enormen Spannung von über 100 Millionen Volt. Das ist das rund Hunderttausendfache der Stromspannung, die in Kraftwerken erzeugt wird. Diese gewaltige

Spannung entlädt sich in den Blitzen. Dann erhitzt sich die Luft um den Blitzschlag plötzlich auf bis zu 30.000 °C – das ist heißer als die Oberfläche der Sonne. Dabei dehnt sich die Luft schlagartig aus und explodiert mit einem lauten Knall. Das ist der Donner.

So schlägt ein Blitz ein

Blitze schlagen meist in die höchsten Erhebungen oder in große Wasserflächen ein. Ein Blitz schießt aus der Wolke in Richtung Erdboden. Doch bevor er dort einschlägt, wächst ihm von hohen Kirchtürmen, Bäumen oder Strommasten ein Blitz entgegen. Diese beiden Blitze vereinigen sich und es entsteht ein gewaltiger Kurzschluss. Der Blitz hat solch eine Gewalt, dass er riesige Bäume spalten, Waldbrände verursachen und Menschen und Tiere im weiten Umkreis töten kann.

So häufig gewittert es

In jeder Sekunde finden auf der Erde ungefähr 2.000 Gewitter statt und an jedem Tag blitzt es über zwei Millionen Mal. Die meisten Blitze erreichen allerdings nicht den Erdboden, sondern bleiben als Wolkenblitze in den Wolken hängen. An der Küste gibt es bei uns jedes Jahr etwa 15 Gewitter, in Alpennähe sind es rund 35. Hast du schon einmal gezählt, wie oft es im Jahr bei dir gewittert?

Wie nah ist das Gewitter?

Donnergrollen kannst du bis zu 18 km weit hören. Siehst du einen Blitz, so beginne sofort damit, die Sekunden bis zum Donner zu zählen. Sekunden zählst du am genauesten, wenn du langsam 21, 22, 23, 24, … aufsagst oder du schaust auf eine Uhr mit Sekundenzeiger. Die gezählten Sekunden zwischen Blitz und Donner teilst du nun durch 3 (weil der Schall 3 Sekunden für eine Strecke von 1 km braucht). Nun weißt du, wie weit das Gewitter entfernt ist. Ein Beispiel: Waren es 9 Sekunden zwischen Blitz und Donner, so ist das Gewitter noch 3 km entfernt. Ein Gewitter ist gefährlich nah, wenn du weniger als 10 Sekunden zwischen Blitz und Donner zählst.

Was passiert, wenn der Blitz in einen See einschlägt

Schlägt der Blitz in einen See ein, so würde er sofort alle Lebewesen an der Wasseroberfläche im Umkreis von 50 m töten. Darum suchen Fische bei einem Gewitter den Gewässergrund auf, den die Blitze nicht erreichen.

So verhältst du dich bei einem Gewitter

- Wenn ein Gewitter aufzieht, verlasse sofort das Wasser, egal ob im Freibad, Schwimmteich oder See, und halte dich fern vom Ufer.

- Begebe dich in ein schützendes Haus oder Auto.

- Im Haus solltest du sämtliche Stecker der elektrischen Geräte ziehen.

- Halte dich auf keinen Fall unter freistehenden Bäumen oder am Waldrand auf und meide Gegenstände aus Metall wie Fahrräder (!), Brückengeländer, Metallzäune oder Regenrohre.

- Bist du im Wald, so halte mindestens 3 m Abstand zu den Bäumen.

- Bist du im Freien und ein schützendes Haus ist nicht erreichbar, so suche eine Bodenmulde oder einen tiefer gelegenen Hohlweg auf.

- Lege dich auf keinen Fall flach auf den Erdboden!

- Die sicherste Stellung im Freien ist die: Gehe mit geschlossenen Beinen und Füßen in die Hocke, lege deinen Kopf auf die Knie, die du eng mit den Armen umfasst und mache dich klein. Deine Hände dürfen den Boden nicht berühren. Verharre in dieser Stellung, bis das Gewitter vorbei ist. Die allermeisten Gewitter dauern höchstens 20 Minuten.

Von Windstille bis zum Sturm und Orkan

Ein Wind weht, wenn sich die Luft bewegt. Winde zeigen sich mit vielen Gesichtern: Eine leichte Brise bewegt die Blätter in Bäumen und Sträuchern, fürs Drachensteigen brauchst du einen frischen Wind und die heftigen Luftbewegungen bei Sturm oder Orkan besitzen eine große Zerstörungskraft.

SCOUT TIPP!

Wind kühlt aus

Bei windigem Wetter empfindest du es draußen stets kühler als das Thermometer anzeigt. Wind kühlt nämlich den Körper aus, weil dann mehr Wasser auf deiner Hautoberfläche verdunstet. Zieh dich deshalb an windigen Tagen wärmer an und trage eine winddichte Jacke.

Der Luftdruck: Luft drückt nach unten

Obwohl du die gasförmigen Bestandteile der Luft nicht siehst, so haben sie doch ein Gewicht. Mit diesem Gewicht drückt die Atmosphäre auf den Erdboden und auf alles, was sich dort befindet, so wie du mit deiner Hand auf eine Tischplatte drücken kannst. So liegt auf Meereshöhe etwa ein Druck von rund 20 Tonnen Luft auf dir, den du aber nicht spürst. Weil die Atmosphäre auf Meereshöhe viel dicker ist als auf den kilometerhohen Berggipfeln, nimmt der Luftdruck mit der Höhe ab. Da warme Luft nach oben steigt, ist sie leichter als kalte Luft, die auf den Boden sinkt. Diese Bewegung der Luft wirkt sich ebenfalls auf den Luftdruck aus. Den Luftdruck kannst du mit dem Barometer messen. In einem Hochdruckgebiet, kurz Hoch genannt, befindet sich ein „Luftberg". Dieses Mehr an Luft bewirkt einen höheren Luftdruck, der bei etwas über 1.000 Hektopascal liegt, während in einem Tief, einem „Lufttal", ein Luftdruck von unter 1.000 Hektopascal gemessen wird. Das sind nur geringe Unterschiede – aber sie haben einen enormen Einfluss auf unser Wetter.

Wie entsteht der Wind?

Um das zu verstehen, stell dir einen sonnigen Tag vor: Die boden-nahe Luft wird durch die Sonneneinstrahlung erwärmt und steigt nach oben. Am Boden fließt kalte Luft nach – und schon weht ein Wind.

Winde wehen aber auch zwischen Hoch- und Tiefdruckgebieten: Wie das Wasser in einem Bachbett stets von oben nach unten fließt, so strömt die Luft von Gebieten mit hohem Druck immer zu solchen mit tiefem Druck. Je größer der Druckunterschied zwischen Hoch und Tief ist, umso schneller strömt der Wind – so wie auch das Wasser in einem Bach bei großem Gefälle schneller fließt.

Seewind – Landwind

An der Meeresküste kannst du besonders in den warmen Sommermo-naten beobachten, dass der Wind tagsüber vom Meer auf das Land weht, nachts aber vom Land in Richtung Meer. Tagsüber wärmt die Sonne das Land stärker auf als das Wasser. Daher steigt über dem Land warme Luft auf und kühlere Luft fließt vom Meer nach: Das ist der Seewind. Nachts hingegen kühlt die Luft über dem Land viel stär-ker aus als die über dem Meer – folglich weht ein Landwind auf das Meer hinaus. Im Herbst, wenn sich das Land tagsüber nicht mehr so stark aufwärmt wie im Sommer, das Meerwasser aber noch warm ist, weht beständig ein Landwind.

So wird der Wind gemessen

Um den Wind zu messen, brauchst du zwei Angaben: Das ist zum einen die Richtung, aus der er weht, zum anderen die Stärke oder Ge-schwindigkeit, mit der er weht. Die Geschwindigkeit des Windes wird mit einem Anemometer gemessen. Beim Anemometer sind halbkuge-lige Schalen auf einem drehbaren Kreuz montiert. Weht ein Wind, so nehmen die Schalen den Wind auf und das Anemometer dreht sich. Je stärker der Wind, umso schneller dreht sich das Ganze. Nun muss nur noch gezählt werden, wie oft in der Minute sich der Anemometer dreht – und schon kann die Windgeschwindigkeit errechnet werden. Heutzutage gibt es neben diesen Geräten auch digitale Anemometer.

Windsack und Wetterhahn

SCOUT TIPP!

An Autobahnbrücken kannst du oftmals einen großen, rot-weiß gestreiften Windsack sehen: Er zeigt stets an, in welche Richtung der Wind weht. Autofahrer können so erkennen, ob sie auf der Brücke mit starken Seitenwinden rechnen müssen.

Auf vielen Kirchtürmen steht ein beweglich auf einer Himmelsrose montierter Wetterhahn, der sich mit dem Wind dreht. Die Himmelsrose zeigt dir die vier Himmelsrichtungen Nord, Ost, Süd und West. Mithilfe des Wetterhahns, der manchmal auch nur ein großer Pfeil ist, siehst du auch, wohin der Wind weht.

SCOUT TIPP!

**Die Windrichtung
selber messen**

Ohne Wetterhahn und Windsack kannst
du auch herausfinden, woher der Wind
weht – besonders, wenn er kaum spür-
bar ist: Halte dazu einfach deinen nassen
Zeigefinger in die Luft. Die Seite, auf die
der Wind trifft, fühlt sich kälter an.

SCHON GEWUSST?

Anemometer – Thermometer

Das Wort Anemometer bedeutet auf Deutsch: Windmesser, denn
es leitet sich von dem griechischen Wort anemos (= Wind) ab.
Der Thermometer, mit dem die Temperatur gemessen wird,
stammt von dem griechischen Wort Thermos (= heiß) ab.

Mit welcher Geschwindigkeit weht der Wind

Admiral Beaufort hat 1806 einen Vorschlag für die Messung der Windgeschwindigkeiten gemacht, der heute noch gültig ist. Das ist die
Beaufort-Skala. Allerdings umfasste seine Skala nur die Windstärken
0–12, während später bis zur Windstärke 17 ergänzt wurde. Finde an-
hand der genannten Wirkung des Windes die Windgeschwindigkeit
heraus, mit der der Wind gerade weht.

Windstärke	Windgeschwin-digkeit km/h	Wirkung des Windes	
0 windstill	1	Rauch steigt senkrecht auf	
1–3 schwacher Wind	1–19	Blätter bewegen sich leicht	
4 mäßiger Wind	20–28	loses Papier wird vom Boden gehoben	
5 frischer Wind	29–38	kleine Laubbäume beginnen zu schwanken	
6–7 starker Wind	39–61	ein großer Regen-schirm ist schwer zu halten	
8–9 stürmischer Wind, Sturm	62–88	Zweige brechen ab	
10 schwerer Sturm	89–102	Bäume werden entwurzelt und fallen um	
11 orkanartiger Sturm	103–117	schwere Schäden an Häusern und überall	
12 Orkan	über 118	schwere Verwüs-tungen	
13–17	teils über 200	schwerste Verwüstun-gen, meist nur im Hochgebirge und in tropischen Wirbelstürmen	

Drachen steigen lassen

Weht ein schwacher Wind, so erheben sich nur Ultraleicht-Drachen in die Luft. Optimaler Wind zum Drachensteigen herrscht bei Windstärke 3–6. Bei Windstärke 7 musst du ordentlich mit dem Drachen und dem Wind kämpfen und ab Windstärke 8 kannst du das Drachen steigen lassen vergessen. Auch böige Winde sind ungeeignet.

Wind in den Wolken

Auch an den Wolken kannst du erkennen, ob es windstill oder windig ist und aus welcher Richtung der Wind weht. Bei Windstille stehen die Wolken bewegungslos am Himmel, während sie bei stürmischem Wetter rasch vorbeiziehen. Doch musst du beachten, dass dir die Wolken stets nur den Wind in der Höhe zeigen, in der sie sich befinden – und das sind viele Meter oder Kilometer über dem Erdboden. In Wolkenhöhe weht auch stets ein stärkerer Wind als am Erdboden, wo der Wind durch Wälder und Städte, Hügel und Felsen gebremst wird.

Den Wind genau im Blick

Noch besser als an den Wolken kannst du die Windrichtung und Windgeschwindigkeit erkennen, wenn du den Rauch aus Schornsteinen oder den aus Kühltürmen aufsteigenden Dampf beobachtest.

SCHON GEWUSST?

Wetterbäume – vom Wind gemacht

An Meeresküsten oder steilen Hängen, in denen starke Winde überwiegend aus einer Richtung wie dem Meer kommen, stehen oft schiefe Bäume. Diese Wetterbäume wachsen so gebeugt, weil sie stets Wind von derselben Seite bekommen. Entdeckst du diese krumm ge-wachsenen Bäume an einem windstillen Tag, weißt du, dass dort oft starke Winde und aus welcher Richtung sie wehen.

Die Kraft des Windes nutzen

SCOUT TIPP!

Schon seit mindestens 3.000 Jahren nutzen die Menschen die Kraft des Windes. Damals bauten sie die ersten Windmühlen, mit deren Hilfe das Getreide gemahlen wurde. Heute erzeugen moderne Windkraftanlagen auf umweltfreundliche Weise elektrischen Strom. Besuche einmal eine Windmühle und eine Windkraftanlage und lass dir erklären, wie sie funktionieren.

SCHON GEWUSST?

Windsysteme der Erde

Auf der Erde gibt es Winde, die regelmäßig zu bestimmten Zeiten auftreten. Dazu gehören rund um den Äquator die Passatwinde, auf die sich schon früher die Seefahrer auf ihren Segelschiffen verlassen konnten. Tückisch sind die kalten, stürmischen Fallwinde der Bora, die im Winter an der Dalmatinischen Küste von den Gebirgen zur Küste hinunterwehen. Im westlichen Mittelmeergebiet bringt der Mistral orkanartige, eiskalte Winde im Winter und Frühjahr. Heftige Schneestürme mit meterdickem Schnee und Sichtweiten unter 400 m toben regelmäßig im winterlichen Nordamerika und werden Blizzard genannt. Da es dort keine Gebirge gibt, die wie die Alpen von Ost nach West verlaufen, können die eiskalten Winde aus dem polaren Norden ungebremst bis zum Golf von Mexiko vordringen.

Stürme und Orkane

Besonders im Winter können bei uns heftige Stürme und Orkane auftreten, die ganze Landstriche verwüsten und große Schäden anrichten können. An den Küsten türmen sich dann die Wellen meterhoch auf und setzen bei Sturmfluten weite Landesteile unter Wasser. Zwei besonders heftige Orkane waren **Lothar** und **Kyrill**. Der Orkan Lothar zog am 26. Dezember 1999 über West- und Mitteleuropa hinweg. Die bis zu 272 Stundenkilometer wehenden Böen zerstörten damals große Waldgebiete und unzählige Gebäude. Kyrill tobte am 18. Januar 2007 über uns hinweg. Mit Windgeschwindigkeiten von bis zu 225 Stundenkilometern legte er in weiten Teilen Europas das öffentliche Leben lahm, da viele Kindergärten, Schulen und Betriebe vorzeitig geschlossen wurden. Zum Glück sind solche zerstörerischen Stürme und Orkane bei uns nur rund alle zehn Jahre zu erwarten.

Baumschäden durch Lothar

Tropische Wirbelstürme

Hurrikane, Taifune & Co. sind die größten und heftigsten Unwetter, die es auf der Erde gibt. Früher wurden die Menschen in den Gebieten rund um den Äquator von tropischen Wirbelstürmen überrascht, die vielfachen Tod und Zerstörungen brachten. Seit es Satelliten gibt, die die Erde rund um die Uhr beobachten, können die Menschen vor dieser Gefahr gewarnt werden. Dennoch ist ein tropischer Wirbelsturm auch heute noch eine schwere Naturkatastrophe, die stets ein verwüstetes Gebiet hinterlässt und unzählige Menschen in Not bringt.

SCHON GEWUSST?

Namen tropischer Wirbelstürme

In der Karibik – das ist die Region, die mit am meisten unter tropischen Wirbelstürmen zu leiden hat – heißen diese Stürme **Hurrikane**. Dieser Name leitet sich von dem Wort hurucan ab, das in der Sprache der Einheimischen „Gott des Bösen" bedeutet. In Südostasien werden tropische Wirbelstürme Taifune genannt, in den Ländern rund um den Indischen Ozean Zyklone, in Australien Willy-Willy und auf den Philippinen Baguios.

Wirbelsturm in einer Flasche

Mit einer 1-Liter-Plastikflasche kannst du einen Wirbelsturm nachahmen. Fülle die Flasche zu etwa drei Viertel voll mit Wasser und drehe sie dann über einem Waschbecken auf den Kopf. Drehe die Flasche mit Schwung – rasch bildet das auslaufende Wasser einen Wirbel.

Vom Weltraum aus

Tropische Wirbelstürme sind so gewaltig, dass sie sogar vom
Mond aus gesehen werden können. Die Wolkenspirale kann bis
zu 1.700 km Durchmesser erreichen und ist durch das wolken-
arme oder -freie „Auge" im Zentrum ein einzigartiger Anblick,
den du dir nicht entgehen lassen solltest. Im Internet werden
Bilder unserer Erde von verschiedenen Wettersatelliten veröffentlicht, die laufend aktualisiert werden. Darauf kannst du in
den Sommer- und Herbstmonaten auch tropische Wirbelstürme
entdecken. Gib dazu in eine Internet-Suchmaschine den Begriff
Wettersatellitenbilder ein und du wirst auf die entsprechenden
Seiten verlinkt.

So entsteht ein tropischer Wirbelsturm

Tropische Wirbelstürme entstehen stets in den ruhigen, warmen Meeren, die zwei breite Streifen zwischen dem 10. und 15. Breitengrad nördlich und südlich des Äquators bilden. Ein tropischer Wirbelsturm beginnt meist ganz harmlos. In den warmen Sommer- und Herbstmonaten steigt warme Luft über dem blauen Ozean auf und es bilden sich schöne Haufenwolken, die wie Blumenkohl aussehen. Diese Wolken gibt es auch bei uns, wenn sich ein Gewitter aufbaut.

In dem Wolkenfeld über dem Ozean braut sich nun ein Sturm zusammen. Bald nimmt das Wolkenfeld die Form eines großen Kommas an, weil die Luft beginnt, sich wirbelförmig zu bewegen. Die Wirbelbewegung der Luft wird immer stärker und langsam bildet sich ein Zentrum, um das die Wolken einen geschlossenen Ring mit spiralförmigen Ausläufern bilden. Nun herrscht dort schon ein Sturm mit Windgeschwindigkeiten von über 100 Stundenkilometern.

Weil der Wirbelsturm wie ein Sog die Luft anzieht, wird er immer größer und schneller. Nun reicht das Wolkenfeld bis an die „Decke" der Wetterschicht, die sich dort in etwa 16 km Höhe befindet. Im wolkenfreien oder -armen „Auge", das einen Durchmesser bis zu 20 km hat, ist es bei schönstem Sonnenscheinwetter windstill, während rundherum in den mächtigen Wolken heftige Winde mit Tempo 200 und mehr toben.

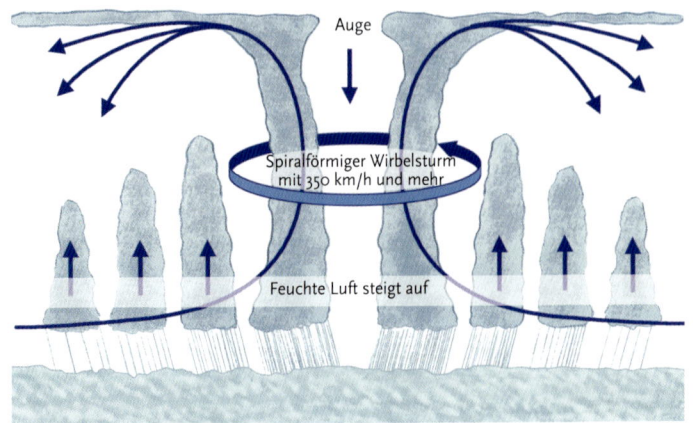

Auge

Spiralförmiger Wirbelsturm mit 350 km/h und mehr

Feuchte Luft steigt auf

So häufig stürmt es in den Tropen

Jedes Jahr bilden sich in den tropischen Regionen rund 80 heftige Stürme, von denen sich knapp 30 zu gewaltigen Wirbelstürmen entwickeln. Die meisten Tropenstürme dauern nur zehn Tage an. Wenn die Wirbelstürme auf der Nordhalbkugel nach Norden ziehen, schwächen sie stets ab. Denn dort wird das Meerwasser immer kühler. Manches Sturmtief, das uns erreicht, war einst ein Wirbelsturm.

So lange dauert ein tropischer Wirbelsturm

Tropische Wirbelstürme bleiben nicht auf der Stelle stehen, sondern bewegen sich mit bis zu 30 Stundenkilometern vorwärts. Auf der Nordhalbkugel ziehen sie meist in nordöstliche Richtung, auf der Südhalbkugel hingegen nach Südosten. Solange der Wirbelsturm über das Meer zieht, erhält er ständig Nachschub an warmer Luft und kann bis zu vier Wochen bestehen bleiben. Zieht er hingegen auf das Festland, so wird er dort stark abgebremst und bekommt auch keine Energie mehr. Dann schläft der Wirbelsturm rasch ein. Zuvor hat er aber noch in den Küstenregionen und Inseln, über die er gezogen ist, seine ganze zerstörerische Kraft gezeigt und weite Landstriche verwüstet und überschwemmt.

Tornados, Wind- und Sandhosen

Noch größere Windgeschwindigkeiten gibt es in einem Tornado, der zum Glück niemals so riesengroß wird wie ein Hurrikan. So wirbelt schon bei einem „kleinen" Tornado, den wir Windhose nennen, die Luft mit fast 120 Stundenkilometern herum. Bei „richtigen" Tornados treten dann Windgeschwindigkeiten von über 420 Stundenkilometer, manchmal sogar bis zu 800 Stundenkilometer auf!

So entsteht ein Tornado

Tornados entstehen anders als Hurrikane stets über dem Festland. Wenn in einem Gebiet warme, feuchte Luftmassen aus dem tropischen Süden auf kalte, trockene Luftmassen aus dem polaren Norden treffen, so bilden sich große Gewitterwolken. Ist dann eine dieser Gewitterwolken besonders energiegeladen, so kann sich ein Tornado bilden. Dabei entsteht am unteren Ende der Gewitterwolke ein trichterförmiges Gebilde, in dem die Luft in rasantem Tempo umeinander wirbelt. Ein solcher Wirbel entsteht auch am Abfluss einer Badewanne, wenn du das Badewasser ablaufen lässt.

Der Wolkentrichter schraubt sich stetig zum Erdboden hinunter, wird immer länger und sieht bald wie der Rüssel eines Elefanten aus. Wenn er den Erdboden erreicht hat, wirbeln Erde, Bäume, Autos, Eisenbahnwaggons, Gebäude- und Pflanzenteile und alles, was dem Tornado in die Quere kommt, mit unvorstellbarer Wucht durch die Luft.

Der Tornado kann diese hohe Energie aber nicht lange halten. Daher ist er meist nach 10–30 Minuten vorbei.

SCHON GEWUSST?

Der Rüssel des Tornados

In dem Wolkenrüssel drehen sich sogar zwei Windspiralen mit rasanter Geschwindigkeit, die miteinander verflochten sind: In der inneren Windspirale stürzt kalte Luft aus großen Höhen herab, während in der äußeren warme Luft mit derselben Geschwindigkeit nach oben steigt.

Nach einem Tornado

Ein Tornado hinterlässt eine bis zu 1 km breite und oft nur wenige Kilo-meter lange Spur, in der alles verwüstet ist. Diese schmale Spur ist deutlich begrenzt: So kann ein Haus völlig zerstört sein, während das Nachbarhaus keinerlei Schäden aufweist.

SCHON GEWUSST?

Land der Tornados

Besonders viele Tornados gibt es in Nordamerika. Dort existiert sogar ein Landstrich, der „Tornado-Allee" genannt wird, weil dort jedes Jahr mindestens 200–300 Tornados wüten. Auch bei uns werden jährlich rund 30 Tornados gezählt! So zerstörte etwa ein Tornado, der am 10. Juli 1968 über Pforzheim hinwegzog, über 1.000 Häuser und verletzte mehr als 200 Menschen.

Einen Sandteufel beobachten

Auch bei uns kannst du manchmal auf trockenen, offenen Sand-, Feld- oder Ackerflächen, die nicht mit Pflanzen bewachsen sind, kleine Luftsäulen aus Sand, Erde und Staub beobachten. Sie sind nur wenige Meter hoch und bleiben nur für kurze Zeit bestehen. Diese kleinen Luftwirbel heißen Sandhose, Tromben, Sand- oder Staubteufel. Sie entstehen an überhitzten Stellen – sogar auf einem Tennisplatz wurden sie an heißen Tagen schon beobachtet. Bei trockenem Pulverschnee, der frisch gefallen ist, können sich auch Schneeteufel bilden. Große Tromben in der Sahara und anderen Wüsten können bis zu 100 m Durchmesser erreichen. Doch auch sie vergehen nach wenigen Minuten.

Föhn

Wenn ein Luftstrom auf ein Gebirge wie die Alpen trifft, muss er über dieses Hindernis hinweg gleiten. Dazu steigt die Luft auf der einen Seite auf und kühlt sich dabei ständig ab. Da kühle Luft weniger Wasserdampf enthalten kann als warme, bilden sich dort Wolken, die sogar Regen bringen können. Auf der anderen Seite des Gebirges wehen heftige Fallwinde von den Bergen in die Täler und das Alpenvorland. Je tiefer die Luft strömt, umso wärmer wird sie und die Wolken lösen sich in der warmen Luft auf. Weil die Luft einen großen Teil ihrer Feuchtigkeit in den Wolken und dem Regen auf der anderen Seite des Gebirges verloren hat, ist sie nun recht trocken. Diese trockene, von den Bergen ins Tal fallende Luftströmung heißt Föhn.

Klare Sicht in die Ferne

Bei einem Föhn kannst du sehr weit sehen, weil die Luft sehr klar ist und nur wenig Wasserdampf enthält. Berge und Städte, die viele Kilometer weit entfernt sind, sehen zum Greifen nahe aus. Möchtest du herausfinden, wie weit du siehst, so schaue auf einer Landkarte oder in einem Internet-Routenplaner nach, wie weit markante Erhebungen oder Dörfer von dir entfernt sind. Am Alpenrand gibt es rund 50 Föhntage im Jahr, in München sind es jährlich nur noch höchstens 14 Tage mit Föhnwetter. Die meisten Föhntage gibt es im Frühjahr und im Herbst.

Wenig beliebter Föhn

Wenn Föhn einsetzt, steigt die Temperatur rasch an – im Winter manchmal sogar um 10–15 °C in wenigen Stunden. Deshalb mögen Wintersportler keinen Föhn, denn er lässt den Schnee über Nacht schmelzen. Auch andere Menschen fürchten Föhnwetter, denn sie klagen über Kopfschmerzen, fühlen sich leicht gereizt, können sich nur schwer auf ihre Arbeit konzentrieren oder schlafen schlecht. Bricht der Föhn zusammen, droht im Hochgebirge ein Wettersturz.

Biowetter

Wenn draußen die Sonne scheint, geht es den meisten Menschen gut. Bei stürmischem Regen- oder feucht-kaltem Nebelwetter hingegen will man am liebsten im Bett bleiben. Manche Wetterlagen wie Föhn oder wenn die Luft mit feinsten Pollenkörnern gefüllt ist, wirken sich nicht nur auf unser Wohlbefinden aus, sondern beeinträchtigen auch die Gesundheit. Deshalb findest du in vielen Wettervorschauen auch Vorhersagen über das Biowetter.

SCHON GEWUSST?

Heuschnupfenwetter

Bei mildem bis warmem, schönem Wetter mit leichtem Wind fliegen die meisten Pollen. Ist es hingegen sehr heiß, sehr trocken, sehr nass oder sehr windig befinden sich kaum Pollen in der Luft. Auch vor einem Gewitter ist die Luft mehr mit Pollen gefüllt als Stunden zuvor, weil die böigen Winde Pollen hoch wehen, die schon am Boden lagen.

Für Heuschnupfengeplagte

Wenn du unter Heuschnupfen leidest, solltest das Frühjahr und den Sommer im Hochgebirge und am Meer verbringen. Dort gibt es nur wenige Pflanzen, die Blütenstaub entlassen. Daher ist dort die Luft am pollenärmsten.

Der Pollenflugkalender

Besonders im Frühjahr und Sommer verlassen sich viele Pflanzen anstatt auf bestäubende Bienen, Hummeln und Schmetterlinge auf den Wind, der den Blütenstaub zu den Blüten transportiert. Dieser Pollen kann bei manchen Menschen Heuschnupfen auslösen, wenn sie ihn einatmen.

März: Erle und Haselnuss

April: Birke, Esche, Hainbuche, Pappel, Ulme und Weide

Mai: Buche, Eiche und Kiefer

Mai bis August: Gräser

Juni: Roggen, Sauerampfer und Spitz-Wegerich

Juli: Brennnessel

August bis Oktober: Beifuß-Ambrosie

Blauer Himmel

Hast du dir eigentlich schon einmal überlegt, warum der klare Himmel blau ist? Er könnte ja auch violett oder gelb, grau oder weiß sein.

Der Himmel ist blau, weil die Erde eine Atmosphäre besitzt und diese aus vielen kleinen Teilchen – vor allem Stickstoff und Sauerstoff (siehe Seite 6) – besteht. Scheint die Sonne, so müssen die Sonnenstrahlen diese Lufthülle durchdringen. Dabei treffen sie auch auf diese Stickstoff- und Sauerstoffteilchen wie auf kleine Hindernisse. Dadurch werden die Lichtstrahlen der Sonne in alle Richtungen gestreut und über das gesamte Himmelsgewölbe verteilt. Von dieser Streuung ist besonders der blaue Anteil des Sonnenlichts betroffen – denn wie du weißt, ist das Sonnenlicht nicht weiß, sondern setzt sich aus den Farben des Regenbogens (siehe Seite 73) zusammen. Darum nimmt unser Auge besonders die Farbe Blau auf – und der Himmel ist blau.

SCHON GEWUSST?

Von blassblau bis tiefblau

Wenn die Erde keine Lufthülle besäße, wäre der Himmel auch bei Tag dunkel und du könntest die Sterne sehen. Weil die Atmosphäre auch Wasserdampf, Schmutz- und Staubteilchen enthält, ist der Himmel nicht immer tiefblau. Treffen die Sonnenstrahlen nämlich auf diese Teilchen, so werden alle Farbanteile im Sonnenlicht gleichmäßig in alle Richtungen gestreut – und der Himmel sieht blassblau bis weißlich aus.

Das Blau des Himmels als Wetterbote

Auf den Berggipfeln ist der Himmel viel blauer als in den Tälern. Die Farbe des Himmels hat nämlich auch mit der Temperatur der Luft zu tun: In kalter Luft ist der Himmel tiefblau, während wärmere Luftmassen durch ein helleres Blau angezeigt werden. Ist der Himmel tiefblau und du kannst sehr weit sehen, ist schlechtes Wetter in Sicht.

SCHON GEWUSST?

Das strahlendste Himmelsblau

Die Wissenschaftlerin Anya Hohnbaum ist um die ganze Welt gereist und hat an vielen Orten der Erde mit einem Kolorimeter das Blau des Himmels gemessen. Sie wollte durch diese Messung der Lichtstärke wissen, wo der Himmel die intensivste Färbung, die größte Klarheit und das strahlendste Blau hat.

Das fand sie heraus:

Platz 1: Der Himmel über Rio de Janeiro/Brasilien

Platz 2: Der Himmel über Neuseeland

Platz 3: Der Himmel über Australien

Regenbogen

Steht ein leuchtender Regenbogen am Himmel, so ist das stets ein eindrucksvolles Erlebnis. Ein Regenbogen entsteht meist dann, wenn die tief stehende Sonne auf einen kräftigen Regenschauer scheint. Du kannst ihn entdecken, wenn du der Sonne den Rücken kehrst und auf den Regenschleier schaust.

Zwei Regenbögen beobachten

Bei kräftigem Sonnenschein nach einem Regenguss steht manchmal nicht nur ein Regenbogen am Himmel, sondern zwei. Wann immer du einen Regenbogen am Himmel siehst, schaue deshalb genau hin – vielleicht kannst du ja einen zweiten Regenbogen entdecken. Dieser Nebenbogen leuchtet schwächer als der erste und seine Farben sind umgekehrt: Innen ist er rot und außen violett.

SCHON GEWUSST?

So entsteht ein Regenbogen

Ein Regenbogen entsteht, wenn es an einem sonnigen Tag aus einer Wolke regnet oder wenn die Sonne nach einem Regenschauer hinter den Wolken hervorbricht, manchmal auch nach einem Gewitter. Besonders häufig gibt es einen Regenbogen bei dem typischen Aprilwetter. Die Sonnenstrahlen werden an der Oberfläche eines jeden Regentropfens gebrochen und in dessen Innern ein- oder zweimal reflektiert. Dadurch spalten sich die Lichtstrahlen der Sonne nach ihren Wellenlängen in die Regenbogenfarben auf: Außen erscheint der Regenbogen **rot**, dann folgen **Orange, Gelb, Grün, Blau** und ganz innen schließlich **Violett**. Wie kräftig die Farben im Regenbogen leuchten, hängt von der Größe der Wassertropfen in der Luft ab. Bei feinem Nieselregen erscheint er blass und recht farblos, während er bei einem kräftigen, ergiebigen Regenschauer prächtig bunt gefärbt ist.

Die Größe des Regenbogens

Manchmal reicht der Regenbogen bis zum Zenit, mal wölbt er sich wie ein flacher Bogen am Horizont.

Die Höhe und Größe des Regenbogens hängt mit dem Stand der Sonne ab. Je tiefer die Sonne am Himmel steht, umso höher reicht der Regenbogen am Himmel. Deshalb kannst du am späten Nachmittag und frühen Abend die größten Regenbogen beobachten. Steht die Sonne hingegen in der Mittagszeit hoch oben am Himmel, gibt es nur äußerst selten einen Regenbogen – selbst nach einem heftigen Regenschauer.

SCOUT TIPP!

Noch mehr Regenbögen

Bei Mondschein kannst du gelegentlich einen Regenbogen beobachten. Er ist aber nicht farbig bunt wie bei Sonnenschein, sondern zeigt höchstens einen blassroten Rand.

Auch bei einem Wasserfall entsteht manchmal ein Regenbogen, wenn die Gischt von der Sonne beschienen wird. Um ihn zu sehen, musst du aber die Sonne im Rücken haben. Und sogar beim Autofahren gibt es Gelegenheiten für dich, einen Regenbogen zu entdecken – nämlich dann, wenn bei regennasser Straße die Sonne von hinten auf die Wassertröpfchen scheint, die das vorausfahrende Auto aufwirbelt.

Morgen- und Abenddämmerung

Morgens, bevor die Sonne aufgeht, und abends, nachdem sie schon hinter dem Horizont verschwunden ist, ist der Himmel nicht sofort dunkel. Über eine Stunde lang bleibt es bei uns noch hell – das ist die Dämmerung. Da die Atmosphäre noch von der untergegangenen Sonne beschienen wird, werden die Sonnenstrahlen an den Luft- und Staubteilchen gestreut (siehe Seite 71). Dadurch ist es noch hell.

Je tiefer die Sonne hinter dem Horizont versinkt, umso höher sind die Luftschichten, die noch von ihr beschienen werden. Da in höheren Luftschichten weniger Teilchen sind als in bodennahen, wird von ihnen auch weniger Licht gestreut – und so wird es langsam dunkler.

▌ SCHON GEWUSST? ▐

So lange dämmert es

Im Winter, wenn bei uns die Sonne scheinbar auf einer flachen Bahn über den Himmel läuft, dauert die Dämmerung länger als im Sommer, wenn die Sonne steiler auf- und absteigt. Am Äquator hingegen ist die Dämmerung das ganze Jahr über nur ganz kurz, weil die Sonnenbahn so steil ist. Nördlich und südlich der Polarkreise hingegen gibt es mindestens einen Tag im Jahr, an dem nur Dämmerlicht herrscht.

Morgenrot und Abendrot

Wenn die Sonne morgens oder abends sehr tief am Horizont steht, erscheint der Himmel oft in zarten bis kräftigen Rottönen. Auch die Wolken leuchten dann bunt. Das sind das Morgen- und das Abendrot.

Steht nämlich die Sonne so tief am Horizont, müssen die schräg einfallenden Sonnenstrahlen einen viel längeren Weg durch die Atmosphäre zurücklegen, bis sie auf dem Erdboden angekommen sind, als in der Mittagszeit. Nun werden die Lichtstrahlen dann genauso an den Luftteilchen gestreut, wie tagsüber bei blauem Himmel (siehe Seite 71) – allerdings verliert sich bei dem langen Weg durch die Lufthülle der blaue Anteil des Lichtes, während nun die roten und gelben Lichtanteile des Morgen- und Abendrots von dir gesehen werden.

Kräftig leuchtende Farben beim Sonnenaufgang und -untergang

An manchen Tagen leuchtet der Himmel vor dem Sonnenaufgang und nach dem Sonnenuntergang in fantastischen Farben und einer überwältigenden Lichtschau: Dann kannst du spektakuläre Dämmerungsfarben in Orange, Rot, Purpur und Violett beobachten, die eine märchenhaft-orientalische, fast unnatürliche Stimmung verbreiten. Dieses leuchtend bunte Farbspiel wird durch besonders viele, fein verteilte, winzige Asche-, Staub- und Gasteilchen in der Atmosphäre verursacht, an denen die Sonnenstrahlen reflektiert und gestreut werden. Diese Schmutzteilchen stammen oft von einem Vulkanausbruch. Sie gelangen bis in 15 km Höhe und verteilen sich mit den Winden in einem breiten Band um die ganze Erde. Neben diesen farbenprächtigen Sonnenuntergängen bewirken Vulkanausbrüche aber auch, dass es etwas kühler wird – oft über Jahre hinweg.

Wetterbote Morgenrot und Abendrot

Färbt sich der Morgenhimmel rot, so zieht oft eine Schlechtwetterfront mit Regen von Westen heran. Bei Abendrot mit wolkenlosem Himmel hingegen wird der nächste Tag meist trocken und schön.

Alpenglühen

Im Hochgebirge wie den Alpen kannst du an manchen Tagen ein ganz besonderes Farbspektakel bei Sonnenuntergang erleben. Dann leuchten die hellen Felsen, Schnee- und Gletscherflächen an den Westseiten der Gebirge in herrlich bunten Farben, die von Gelb über Orange bis zu Rot und Purpur reichen. Am stärksten leuchten die Berge etwa 25 Minuten nach Sonnenuntergang!

So entsteht das Alpenglühen

Nach Sonnenuntergang wird die Atmosphäre immer noch von der Sonne beleuchtet und die darin enthaltenen Teilchen streuen das Licht weiterhin in alle Richtungen (siehe Seite 71). Im Hochgebirge fällt dieses Streulicht auf die westlichen Bergseiten und wird an hellen Fels- und Schneeflächen in bunten Farbtönen zurückgestrahlt. Weil die restliche Landschaft schon im Dunkeln liegt, wirkt das Leuchten noch intensiver.

Ein Purpurlicht beobachten

Manchmal ist ein Bereich des Himmels oberhalb der untergegangenen Sonne nicht dunkelblau, sondern leuchtet intensiv purpurfarben. Auch dieses Phänomen entsteht dadurch, dass die Atmosphäre auch nach Sonnenuntergang noch beleuchtet wird und die kleinen Teilchen darin das Sonnenlicht streuen – beim Purpurlicht sind es die Teilchen, die sich in etwa 20 km Höhe befinden. Achte einmal darauf und notiere in deinem Notizbuch, wenn du das Purpurlicht beobachtet hast.

Kondensstreifen

Bevor es Flugzeuge gab, konnten die Menschen noch keine Kondensstreifen am Himmel beobachten. Heute erscheinen sie am klaren Himmel und verraten dir einiges über die Luft in 10–12 km Höhe, wo die Flugzeuge fliegen. Zudem sagen dir die Kondensstreifen auch, wie das Wetter wird.

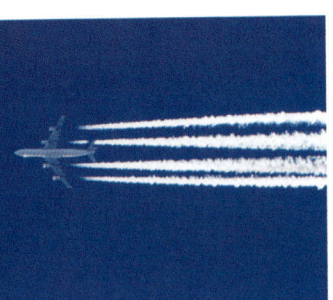

So entstehen Kondensstreifen

Kondensstreifen sind weiße, schmale Wolkenstreifen, die den hohen Federwolken ähneln, aber von Flugzeugen hinterlassen werden. Damit sich Wolken bilden können, müssen sowohl Wasserdampf als auch kleine Staub- und Schmutzteilchen vorhanden sein (siehe Seite 19) – beides ist in den Abgasen der Flugzeuge enthalten.

Moderner Wetterbote: Kondensstreifen

Wenn du die Kondensstreifen beobachtest, weißt du, wie das Wetter wird. Bleiben die Kondensstreifen nach dem Flugzeug nur kurz bestehen und lösen sich dann sofort auf, so bleibt es mindestens an diesem Tag noch schön. Stehen die Kondensstreifen lange am Himmel und fransen langsam an den Rändern aus, so herrscht an den nächsten ein bis zwei Tagen noch schönes Wetter, das aber dann schlechter wird. Bewegen sie sich allerdings rasch am Himmel und ziehen davon oder werden breiter, so wird es bald regnen. Reißen die Kondensstreifen auseinander oder verschwinden in manchen Abschnitten, so ist es in großen Höhen sehr windig. Das bedeutet, dass das Wetter unbeständiger oder schlechter wird.

Polarlichter

Im hohen Norden bietet der klare Nachthimmel ein ganz besonderes Wetterspektakel: Wie von Zauberhand stehen bunte Vorhänge, Bänder und Teppiche am Himmel, die sich wie feine Gewebe im leichten Wind bewegen. Das Polar- oder Nordlicht entsteht, wenn elektrisch geladene Teilchen aus dem Sonnenwind in die Atmosphäre der Erde eintreten. Diese Teilchen bringen in 100–300 km Höhe die Teilchen der Luft zum Leuchten: Sauerstoffteilchen leuchten dann grün und rot, während die Stickstoffteilchen blau bis violett leuchten. Weiße und gelbe Farbtöne entstehen, wenn sich diese Farben mischen. Nördlich des Polarkreises ist das Polarlicht etwa 100 Mal im Jahr zu sehen.

Bildquelle: http://ukazy.astro.cz

SCHON GEWUSST?

Polarlichter von oben

Die Polarlichter sind auch vom Weltall aus zu sehen, zum Beispiel von einem Satelliten. Bilder der Satelliten kannst du im Internet finden.

Polarlicht bei uns entdecken

Auch bei uns kannst du in wenigen Nächten im Jahr und mit viel Glück das Polarlicht beobachten. Die größten Chancen dazu hast du in Norddeutschland und in solchen Zeiten, wenn die Sonne besonders aktiv ist und mehr elektrisch geladene Teilchen ausstrahlt. Wann das ist, kannst du im Internet erfahren. Gib dazu in eine Internet-Suchmaschine die Begriffe **Sonnenaktivität** sowie den aktuellen Monat und das Jahr oder **Polarlichtvorhersage** ein. Bei uns kannst du aber meist nur rote Polarlichter beobachten.

Halo und Hof

Haloeffekt um die Sonne
(Bildquelle: http://ukazy.astro.cz)

Hinter dem eigentümlichen Wort Halo, das wie eine übliche Begrüßung klingt, verbergen sich farbenprächtige Lichtringe um die Sonne und den Mond.

Wenn die Sonne oder der Mond durch eine hauchdünne Schicht von Schleierwolken wie durch Milchglas scheint, kannst du diese Erscheinung mit einer Sonnenbrille beobachten. Anders als ein Regenbogen entstehen die Lichtringe nicht durch Brechung und Spiegelung an Wassertropfen, sondern an den sechseckigen Eis- und herabfallenden Schneekristallen in den hohen Federwolken. Treffen die Sonnen- oder Mondstrahlen auf diese feinen Wolken, so werden sie an den Kristallen gebrochen und gespiegelt. Dann kannst du um den Mond oder die Sonne einen kleinen oder einen großen, weißlichen Ring entdecken, der einen rötlichen Innenrand besitzt.

SCHON GEWUSST?

Was Halo bedeutet

Viele wissenschaftliche Fachbegriffe haben ihren Ursprung in der griechischen oder lateinischen Sprache. So stammt beispielsweise das Wort Halo aus dem Griechischen und bedeutet auf Deutsch: Kreis oder Rundung.

SCOUT TIPP!

Bunter Schnee

Schaust du bei Sonnenschein auf eine weiße Schneedecke, entdeckst du oft rotes und blaues Glitzern zwischen den Schneekristallen. An den Kanten der Kristalle wird das Licht gebrochen. Dasselbe geschieht auch an den Eiskristallen in den hohen Federwolken, wenn die Sonne darauf scheint.

Nebensonne und Nebenmond

Manchmal kannst du rechts und links von der Sonne oder dem Vollmond helle Lichtflecken beobachten, die oft in den Farben des Regenbogens schillern. Diese Lichtflecken werden Nebensonne oder Nebenmond genannt. Auch sie entstehen, weil Lichtstrahlen an Eiskristallen in hohen Federwolken gebrochen werden.

Sonne und Mond mit Hof

Ein Hof sieht ganz anders aus als ein Halo. Er umgibt die Sonne oder den Mond wie eine kreisförmige, helle, bläulich-weiße Scheibe. Meist schimmert der Rand der Scheibe rötlich, manchmal kannst du auch viele farbige Ringe beobachten. Diese Lichterscheinung entsteht, wenn die Lichtstrahlen von Sonne oder Mond an Wassertröpfchen oder Eiskristallen gebeugt werden. Diese Tröpfchen oder Kristalle befinden sich auch nicht in den hohen Federwolken, sondern viel tiefer in mittelhohen Schichtwolken.

Hofeffekt um die Sonne
(Bildquelle: http://ukazy.astro.cz)

Wetterbote Halo und Hof

Kannst du um Sonne oder Mond Halos, Höfe, Nebensonnen oder Nebenmonde erkennen, so ist das stets ein Zeichen dafür, dass feuchte Luftmassen in großen Höhen heranströmen und das Wetter schlechter wird.

Fata Morgana

Eine Fata Morgana kennst du vermutlich aus Szenen in einem Kino- oder Fernsehfilm: Erschöpft irren durstige Menschen nach einem Unglück durch die Wüste und sehen plötzlich eine Oase mit einem flirrenden See und zahlreichen Palmen am Horizont. Sie eilen dorthin, doch plötzlich löst sich die vermeintliche Oase in Luft auf. Eine Fata Morgana ist niemals real. Dieses Irrbild ist eine Luftspiegelung, die bei glühender Hitze und Windstille entstehen kann. Dabei werden Gegenstände, die sich sehr weit hinter dem Horizont befinden, an den Himmel gespiegelt.

Eine Fata Morgana bei uns

Für solche großen, echten Fata Morganas ist die Landschaft bei uns nicht weit genug, so wie etwa in einer Wüste oder einer Steppengegend. Zudem wachsen bei uns überall Pflanzen, die durch das ständige Verdunsten von Wasser an ihren Blättern verhindern, dass sich die Luft so stark aufheizen kann. Dennoch kannst du manchmal im Sommer auch bei uns eine kleine Fata Morgana beobachten, die Mirage genannt wird. Hat sich die Luft über einer erhitzten Straße so richtig aufgeheizt, flimmert sie so, als ob die Straße nass wäre. Doch diese scheinbare „Nässe" ist kein Wasser, sondern ein Spiegelbild des blauen Himmels.

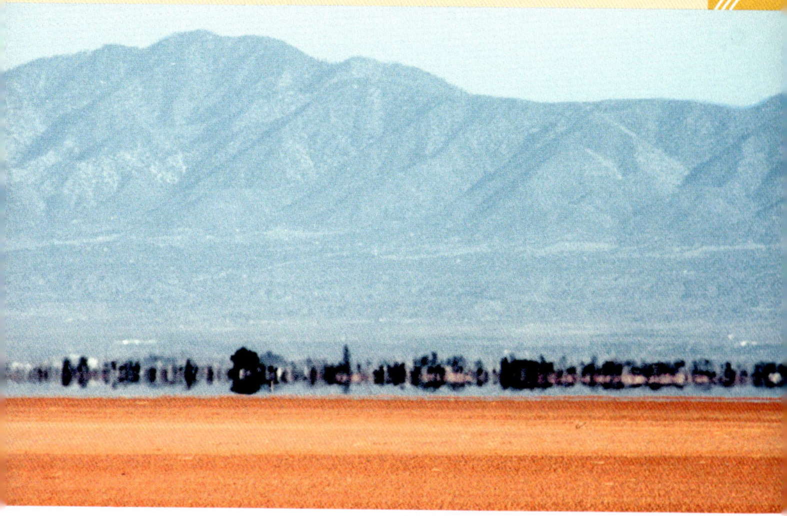

Bildquelle: Mila Zinkova (commons.wikimedia.org)

SCHON GEWUSST?

Woher bekam die Fata Morgana ihren Namen?

Der Name Fata Morgana erinnert an die Fee Morgana aus der Artussage. In dieser uralten Sage ist sie die Halbschwester von König Artus und lebt im Schatten- oder Feenreich. Mirage hingegen ist der französische Name für eine Luftspiegelung.

SCOUT-TIPP!

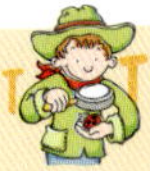

Eine Fata Morgana an der Nordsee

An heißen Sommertagen können sich das Watt und die Luft darüber auch so stark erhitzen, dass du am Horizont Luftspiegelungen beobachten kannst.

uelle: Mila Zinkova (commons.wikimedia.org)

Luftverschmutzung

Überall auf der Erde verbrennen Menschen Holz, Erdöl, Erdgas, Kohle, Benzin und viele andere Stoffe, um Energie und Wärme zu gewinnen. Dabei gelangen Staub, Ruß und andere Schadstoffe wie Kohlendioxid, Schwefeldioxid und Stickstoffverbindungen in die Luft. Besonders schadstoffreich ist die Luft in industriellen Ballungsgebieten und großen Städten, wo viele Autos fahren. Dort ist die Luft so stark verschmutzt, dass du nachts viel weniger Sterne am Himmel siehst als etwa in den Bergen. Bei bestimmten Wetterlagen reichern sich diese Schadstoffe noch stärker an und können besonders bei Kindern und alten Menschen Husten und Entzündungen der Atemwege verursachen. Dann herrscht in vielen Städten ein Fahrverbot für Autos.

SCOUT TIPP!

Das kannst du tun, damit die Luft besser wird

Wenn du deine Wege zu Fuß zurücklegst oder mit dem Fahrrad fährst, erzeugst du keine Schadstoffe, die die Luft belasten. Benutze zudem lieber öffentliche Verkehrsmittel wie Bus oder Bahn, die ohnehin die Strecken ihres Fahrplans zurücklegen, anstatt dich mit dem Auto überall hinkutschieren zu lassen.

Saurer Regen

Mit dem Regen werden die Schadstoffe, besonders Schwefeldioxid und Stickstoffverbindungen, wieder aus der Luft herausgewaschen. Dann ist zwar die Luft etwas besser geworden, aber diese Schadstoffe machen aus dem normalen Regenwasser eine Säure. Dieser „saure Regen", der auch als Schnee fällt, greift nicht nur Gebäude und Denkmäler an, sondern in ganz besonderem Maße die Pflanzen und führt schließlich zum Absterben von Bäumen und Sträuchern. Mit dem Niederschlag gelangen auch die Stickstoffverbindungen in den Boden, der dadurch überdüngt wird. So ist heutzutage der Waldboden bei uns so stark durch die belasteten Regenfälle gedüngt wie es vor 50 Jahren ein vom Bauer gedüngter Ackerboden war!

SCHON GEWUSST?

Schon mal von Smog gehört?

Das Wort Smog setzt sich aus den beiden englischen Wörtern **smoke** (=Rauch) und **fog** (= Nebel) zusammen. Dieses Wort stammt aus dem London zu Beginn der industriellen Revolution vor über 100 Jahren. Damals war diese Stadt, in der es oft Nebel gibt, an vielen Tagen von einem gelblich grauen, stinkenden Gemisch aus Nebel und Rauch gefüllt, der beim Verbrennen der schwefelhaltigen Kohle entstand. Das war der Smog, unter dem die Bewohner litten. Heute verwenden wir dieses Wort für jede Form von Luftverschmutzung, auch wenn sie elektrische Ursachen hat (Elektrosmog).

Wetterkatastrophen

Nicht immer zeigt sich das Wetter von seiner schönen Seite. Drohen heftige Unwetter bei winterlichen Orkanen oder gewaltigen Gewittern mit wolkenbruchartigen Regenfällen und stürmischen Winden, so entstehen auch bei uns große Schäden und manch einer lässt dabei unglücklicherweise auch sein Leben. Zum Glück werden wir von tropischen Wirbelstürmen verschont und auch solche großflächigen Überschwemmungen wie im Sommer 2002 im Einzugsbereich der Elbe kommen nur äußerst selten vor.

Wetter in der Zukunft

Wie sich das Wetter und das Klima in Zukunft entwickeln werden, kann man nicht sicher im Vorhinein wissen. Meteorologen warnen aber davor, dass zukünftig bei uns im Zuge des derzeit stattfindenden Klimawandels (siehe Seite 90) häufiger mit extremen Wetterlagen gerechnet werden muss. Dies können orkanartige Winterstürme wie Lothar und Kyrill (siehe Seite 57) sein, sintflutartige Regenfälle oder mehrwöchige Hitzewellen wie im Sommer 2003.

Verhalten bei drohenden Unwettern

SCOUT TIPP!

Erfährst du aus den Medien, dass in deinem Wohnort ein Unwetter droht, so nimm das ernst. Kommt ein Sturm- oder Orkantief oder ein heftiges Gewitter heran, so bringe alles in Sicherheit, was nicht niet- und nagelfest ist. Dann begibst du dich an einen sicheren Ort, etwa in dein Zuhause, und bleibst dort, bis das Unwetter vorbei ist. Nähere dich nicht reißenden Bächen und Flüssen, die über die Ufer getreten sind. Haben dich die Fluten erst einmal erfasst, ist eine Rettung schwierig!

SCHON GEWUSST?

Das Risiko für Blitzeinschläge ist gering

Die Gefahr, dass in das Haus, in dem du wohnst, ein Blitz einschlägt, ist recht gering. Bei uns werden jedes Jahr auf einer Fläche von 1 km x 1 km nur 2–3 Blitze gezählt, die in den Boden einschlagen. Rechnest du dies um, so würde ein Blitz nur alle 300–500 Jahre in ein Grundstück von 100 m x 100 m einschlagen. Schaue auf deinem Stadtplan nach, wie viele Häuser auf dieser Fläche stehen. Bedenke zudem, dass der Blitz meist nur in die höchsten Erhebungen einschlägt. Und dass du bei uns in einen Tornado oder eine Windhose gerätst, ist noch viel unwahrscheinlicher!

Klimawandel

Seit es die Erde gibt, ändert sich das Klima immer wieder. Auf Zeiträume mit feucht-warmem Klima folgen andere mit kühlem, trockenem Klima.

Es gab Jahrmillionen mit trockenem, warmem Klima und andere, in denen so kühles Klima herrschte, das weite Teile der Erde von Eis und Schnee bedeckt waren. Diese natürlichen Schwankungen des Klimas sind in den Gesteinen der Erde festgehalten. So war es zum Beispiel vor etwa 11 Millionen Jahren bei uns so warm, dass in der Bodensee-Region Säbelzahntiger, Hauerelefanten, Urantilopen und Urhyänen in einer Savannenlandschaft lebten. Vor 2–3 Millionen Jahren kühlte das Klima ab und das Eiszeitalter begann. Dabei wechselten sich kalte Zeiten, in denen sich bei uns die Tundra mit Wollhaarmammut und Wollnashorn breit machte, die es heute im hohen Norden gibt, mit Warmzeiten ab, in denen sich Waldelefanten und Flusspferde bei uns tummelten. Vor 10.000 Jahren endete die letzte kalte Periode des Eiszeitalters – aber ob die Eiszeit endgültig vorbei ist, wissen wir nicht.

Das Klima heute

Seit über 100 Jahren gibt es Aufzeichnungen über das tägliche Wetter. Wenn man diese Aufzeichnungen auswertet, ist es heute bei uns durchschnittlich um 1 °C wärmer als vor 100 Jahren. Das klingt nicht nach viel, dieses eine Grad mehr hat aber eine enorme Wirkung: So sind etwa die Gletscher in den Alpen heute viel kleiner geworden als noch vor 50 Jahren, weil große Mengen Gletschereis geschmolzen sind. Zudem können wir messen, dass der Gehalt von Kohlendioxid und Methangasen in der Atmosphäre zugenommen hat – beides sind Gase, die einen Treibhauseffekt hervorrufen.

Der Treibhauseffekt

Stell dir ein Gewächshaus aus Glas vor. Die Sonnenstrahlen können ungehindert durch die Glasscheiben ins Innere dringen und wärmen das Innere auf. Diese Wärmestrahlen sind aber unter dem Glasdach gefangen. Und da ständig weitere Sonnenstrahlen in das Gewächshaus hineinfallen, wird es darin immer wärmer. Unsere Atmosphäre bewirkt wie die Glasscheiben, dass es auf der Erde warm ist. Dafür sind im Besonderen die beiden Treibhausgase **Kohlendioxid und Methan** verantwortlich. Nimmt deren Gehalt zu, wird es auch auf der Erde wärmer. Kohlendioxid wird immer frei, wenn etwas verbrannt wird (siehe Seite 86), während Methangase etwa in Autoabgasen und erstaunlicherweise in noch höherer Konzentration in den Pupsgasen von Menschen und Tieren enthalten sind.

Wetterstation

Wetterhütte

Das Klima in der Zukunft

Wie sich das Klima in Zukunft weiterentwickeln wird, wissen wir nicht. Aufgrund des heutigen Wissens haben verschiedene Forscher Modelle berechnet, wie die Zukunft aussehen könnte. Wenn es auf der Erde wärmer wird, so schmelzen auch die kilometerdicken Gletscher- und Eisfelder in der Antarktis und rund um den Nordpol. Dies bewirkt, dass der Meeresspiegel in den nächsten 100 Jahren ansteigt – wobei die Schätzungen für diesen Anstieg von nur 18 cm bis zu über 6 m reichen.

Die Folgen wären heftig für uns: Würde der Meeresspiegel nur um 1 m steigen, so läge Norddeutschland unter Wasser und in Köln könnte man einen Nordseehafen bauen. Bei einer Erwärmung des Erdklimas würde sich auch unsere Tier- und Pflanzenwelt ändern und bei uns wäre das Wetter so ähnlich wie am Mittelmeer. Tiere und Pflanzen, die heute bei uns leben, wandern dann nach Norden und zu uns kämen die Tiere und Pflanzen, die heute im Mittelmeerraum leben. Landwirtschaft so wie heute oder ausgedehnte Walderkundungen wären nicht mehr möglich. Weiterhin müssten wir uns auf heftigere Regenfälle und ausgeprägte Trockenzeiten einstellen.

Aletsch-Gletscherzunge 1979

Quelle: L. Albrecht/Pro Natura Zentrum Aletsch

Aletsch-Gletscherzunge 2002

SCHON GEWUSST?

Das Ozonloch

Ozon ist ein sehr aggressives Gas, das beim Einatmen zu heftigen Atembeschwerden führt. Dasselbe Ozongas befindet sich in der Atmosphäre in einer Höhe von 20–50 km. Dort bildet es den wichtigsten und einzigen Schutz der Erde vor den lebensgefährlichen UV-Strahlen der Sonne. Besonders über der Antarktis, aber auch über dem Nordpol hat sich der Gehalt dieses Sonnenschildes an Ozon stark verringert. Verantwortlich für diesen Schwund sind die sogenannten **FCKWs**, die Fluorchlorkohlenwasserstoffe, die in Kühlmitteln und Spraydosen freigesetzt werden. Gibt es dort oben weniger Ozon, so werden Menschen, Tiere und Pflanzen weniger vor den schädlichen UV-Strahlen geschützt. Dann leiden mehr Menschen unter Sonnenbrand, Hautkrebs und Augenerkrankungen.

Das kannst du für unser Klima tun

Wenn du das nächste Mal ein Körper-Deo kaufst, achte darauf, dass in der Spraydose **keine Treibgase** enthalten sind oder greife gleich zu einem Deo-Roller.

SCOUT TIPP!

Ohne X FCKW!

Aprilwetter: sehr wechselhaftes Wetter, bei dem sich in rascher Folge Sonnenschein und kurze Regen- oder Schneeschauer oder gar Gewitter abwechseln; Grund dafür ist feuchtkalte Polarluft

Äquator: gedachte Linie rund um die Erdkugel, die diese in zwei Hälften – die Nord- und die Südhalbkugel – teilt: der Äquator ist 40.076 km lang

Atmosphäre: Schicht aus Gasen, die die Erde umhüllt; wird auch Lufthülle genannt und besteht aus 78 % Stickstoff, 21 % Sauerstoff und 1 % verschiedenen Spurengasen (wie z. B. Kohlendioxid, Wasserdampf, Ozon und das Edelgas Argon)

Beugung von Lichtstrahlen: an der Kante eines Hindernisses werden die Lichtstrahlen so abgelenkt, dass auch im Schatten des Hindernisses Wellen messbar sind; dies geschieht auch, wenn Wasserwellen einen Stein umfließen

Bora: Name eines trockenen, kalten und böigen Fallwindes an der dalmatinischen Mittelmeerküste

Brechung von Lichtstrahlen: Richtungsänderung von Lichtstrahlen beim Übergang von einem Medium zum anderen, etwa am Übergang von Luft und Glas oder Luft und Wasser

°C (Grad Celsius): Maßeinheit für die Temperatur

Dalmatinische Küste: gut 500 km lange Mittelmeerküste vor Kroatien entlang der Adria

Heuschnupfen: überempfindliche, allergische Reaktion auf Blütenpollen mit Niesen, Schnupfen und Jucken in der Nase, den Augen und im Rachen

Hochdruckgebiet: Gebiet mit hohem Luftdruck

Industrielle Revolution: im 18. und 19. Jahrhundert wurden in Europa zunehmend Dinge nicht mehr einzeln und von Hand hergestellt, sondern zunehmend in Massen von Maschinen (damals zum größten Teil Dampfmaschinen) gefertigt. Dadurch entstanden große Fabriken und viele Arbeitskräfte zogen vom Land in die Städte.

Kaltfront: Grenze zwischen warmen und nachfolgend kalten Luftmassen

Klima: das für ein bestimmtes Gebiet wie etwa die Nordseeküste oder die Alpen typische, durchschnittliche Wetter

Kohlendioxid: CO_2, Spurengas in der Atmosphäre der Erde, wird bei der Verbrennung von organischen Stoffen wie Öl, Erdgas oder Holz frei

Kolorimeter: Farbmesser, mit dem man Farben messen und vergleichen kann

Meteorologie: Wissenschaft vom Wetter

Niederschlag: in flüssiger Form Regen oder Tau, in fester Form Schnee oder Hagel

Nordpol: der nördlichste Punkt der Erde, befindet sich im Nordpolarmeer; dort gibt es nur zwei Jahreszeiten: von 23.9.–21.3. herrscht dunkler Winter, von 21.3.–23.9. heller Sommer

Ozonloch: Gebiet, in dem der Ozongehalt der Atmosphäre beängstigend niedrig ist und in dem vermehrt schädliche UV-Strahlen der Sonne den Erdboden erreichen; derzeit gibt es Ozonlöcher über dem Süd- und dem Nordpol

Polarkreis: gedachte Linie um die Erdkugel, die im Norden das auch Arktis genannte Nordpolargebiet abgrenzt; nördlich des Polarkreises gibt es mindestens je einen Tag im Jahr, an dem die Sonne gar nicht auf- oder untergeht

Reflexion: Wellen, wie z. B. Licht- und Wärmestrahlen oder Wasserwellen, werden von einer Oberfläche zurückgeworfen; dies geschieht zum Beispiel an einem Spiegel

Schwefeldioxid: SO_2, farbloses, stechend riechendes, giftiges Gas, das bei der Verbrennung von schwefelhaltiger Kohle oder Erdöl entsteht; trägt zur Luftverschmutzung und zum sauren Regen bei

Sonnenwind: Strom geladener Teilchen, der beständig von der Sonne ins Weltall strömt

Spiegelung von Lichtstrahlen: siehe Reflexion

Stickstoff: geruchloses, farbloses Gas, das den größten Teil unserer Atmosphäre ausmacht; bei der Verbrennung, etwa in Automotoren, entstehen daraus Stickoxide, die zum sauren Regen beitragen und als Stickstoffsalze den Boden düngen

Südpol: der südlichste Punkt der Erde, befindet sich auf dem Kontinent Antarktis; dort gibt es nur zwei Jahreszeiten: von 21.3.–23.9. herrscht dunkler Winter, von 23.9.–21.3. heller Sommer

Tiefdruckgebiet: Gebiet mit niedrigem Luftdruck

Treibhauseffekt: zunehmende Erwärmung der Atmosphäre durch spezielle Gase, die verhindern, dass die von der Erdoberfläche zurückgeworfene Sonnenstrahlung in den Weltraum gelangt

UV-Strahlen (ultraviolette Strahlen): energiereiche Strahlung der Sonne

Volt: Maßeinheit für die elektrische Spannung

Warmfront: Grenze zwischen kalten und nachfolgend warmen Luftmassen

Wettersatellit: mit Messgeräten und Kameras ausgestattetes Gerät, das in großen Höhen die Erde umkreist und Bilder von Wolken, Stürmen und der Erdoberfläche sendet; Meteorologen erstellen dank der gelieferten Daten und mithilfe von Computern die Wettervorhersagen

Wetterboten

Es gibt viele Zeichen am Himmel, an denen du erkennen kannst,
ob das Wetter besser oder schlechter wird.

 Besseres Wetter kommt, ...

- wenn es im Laufe eines Sommertages deutlich wärmer wird
- wenn im Sommer der Luftdruck steigt
- bei Abendrot am wolkenlosen Himmel
- wenn abends die untergehende Sonne die Wolken von unten rot anstrahlt
- wenn morgens die Sonne rot aufgeht und die Wolken von unten rot anstrahlt
- wenn in einer wolkenlosen Nacht ein klarer Mond scheint
- wenn Dunst über den Tälern steht
- wenn morgens Tau auf Wiesen, Pflanzen und Autos liegt
- wenn sich morgendlicher Nebel im Lauf des Vormittags auflöst
- wenn sich Kondensstreifen am Himmel auflösen

 Schlechteres Wetter kommt, ...

- wenn du um die Sonne oder den Mond einen Ring (Halo, s. Seite 82) entdecken kannst
- wenn es im Lauf eines Wintertages deutlich wärmer wird
- wenn im Sommer der Luftdruck langsam fällt
- wenn der Wind aus westlicher Richtung stärker wird
- bei Morgenrot mit rosa, gelber oder graugelber Färbung
- wenn sich der Dunst auflöst und ferne Berge ganz nah und in bläulich-dunkelgrauer Farbe erscheinen
- wenn in großer Höhe Schäfchenwolken (Altocumulus) herbeiziehen
- wenn der Himmel tagsüber tiefblau ist und man sehr weit schauen kann
- wenn die Sonne in schwefelgelben Farben untergeht
- wenn aus dem Westen rasch Wolken heranziehen und der Wind auf Westwind dreht
- wenn weiße Schäfchenwolken dunkel werden
- wenn hohe Federwolken heranziehen, die wie ein Spazierstock ausschauen
- bei tiefblauem Himmel mit guter Fernsicht
- wenn Kondensstreifen breiter werden
- wenn die Sicht rasch schlechter wird und es „zuzieht"
- wenn morgens ein Regenbogen am Himmel steht

Ab nach draußen!

Mit den spannenden Nature Scout Büchern in den praktischen Outdoor-Schutzhüllen wirst du zum richtigen Naturforscher!

Bärbel Oftring
**Nature Scout:
Auf Entdeckungstour im Wald**
€ 7,95 (D), € 8,20 (A)

ISBN 978-3-89777-468-1

Bärbel Oftring
**Nature Scout:
Unser Sternenhimmel**
€ 7,95 (D), € 8,20 (A)

ISBN 978-3-89777-424-7

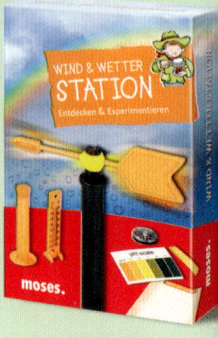

Kompass-Karabiner
€ 3,95*

Artikel-Nr.: 9651

**Nachtleuchtende
Sternkarte**
€ 6,95*

Artikel-Nr.: 9627

**Wind & Wetter
Station**
€ 9,95*

Artikel-Nr.: 9652

*unverbindliche Preisempfehlung